JN040349

オンラインでズバリ伝える力

佐藤綾子

GENTOSHA

はじめに

「オンラインでの自己表現——勝負は非言語力で決まる」

コロナ禍が引き金になって日本のオンラインコミュニケーション化が急加速し、対面の face to face（以後F2Fと表記）とオンラインのハイブリッド方式がスタンダード化しました。

F2Fなら名刺やお土産、立派な応接室、時には利口そうな部下や、高級車に、磨き上げた高級靴とブランドカバン、さらには嗅覚に訴える香水も加えて、触覚という最強コミュニケーションの握手や抱擁などなど、「視覚、嗅覚、味覚、触覚、聴覚の五感すべて」を使って自分を盛ることができました。同様に相手の心理の読み取りについても情報を全五感から取ることができました。

しかしオンラインでは、それができない。

そのような状況で、私が5月末日までに300人のオンライン会議やセミナーや研修の参加者から取ったアンケート結果のお悩み3分類とその下位項目12は、以下でした。

1．疲れる（発信者）
2．飽きる・集中できない（参加者）
3．伝わらない（発信者、参加者双方）

「オンラインで最も困ること12点」

・言葉の意味が伝わりにくい
・声が聞こえにくい
・表情が見えにくい
・長時間だと集中力が切れる
・掛け合いにタイムラグがある
・聞き手の環境によってノイズが入る
・全身が見えない

・オンフォーカスの人しか見えない
・パワーポイント資料の細かい文字がさらに見えにくい
・オンラインだと伝わったか余計不安になる
・時間感覚が上手くつかめない
・話し手も聞き手もフィードバックが少ない

この問題にこたえるのが本著の目的であり、私の専門「パフォーマンス心理学」、わけても「非言語表現力」の数々のデータです。言葉をいくら上手に選択してもオンラインの中での勝負は決まらない。成功を決めるのは、そこに加える非言語力です。

さて、私自身のことを少しご紹介しましょう。

1979年にニューヨーク大学大学院で世界初の「パフォーマンス学」を専攻し、翌80年に日本人の自己表現力養成を目的に、サイエンスとしての自己表現の研究と教育を開始、現在までの受講生はビジネスマンや学生4万人にのぼり、中には首相経験者や50人余りの国会議員もいます。日本人の顔の表情の表出と読み取りなどの「非言語表現」では世界一の実験データを持っているためか、マスコミでは「人間嘘発見機」などという面白いあだ名もついています。

　本書の内容が皆様のオンラインでのビジネスコミュニケーションの成功に少しでも役立つことを心から願って、ご一緒にこの本を進めましょう。

「ASオフ&オンライン情報量と伝達フィールド」

※AS=佐藤綾子

face to faceコミュニケーション

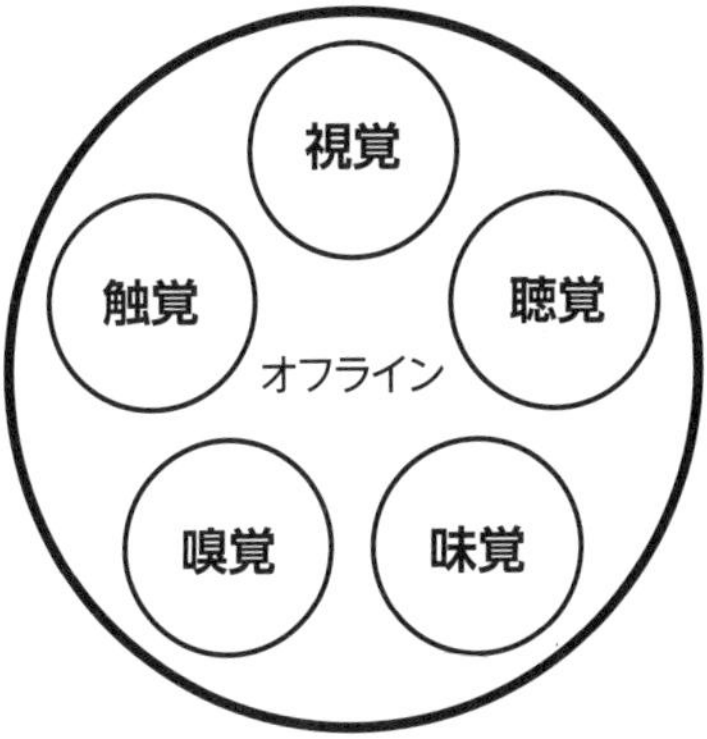

オンラインコミュニケーション

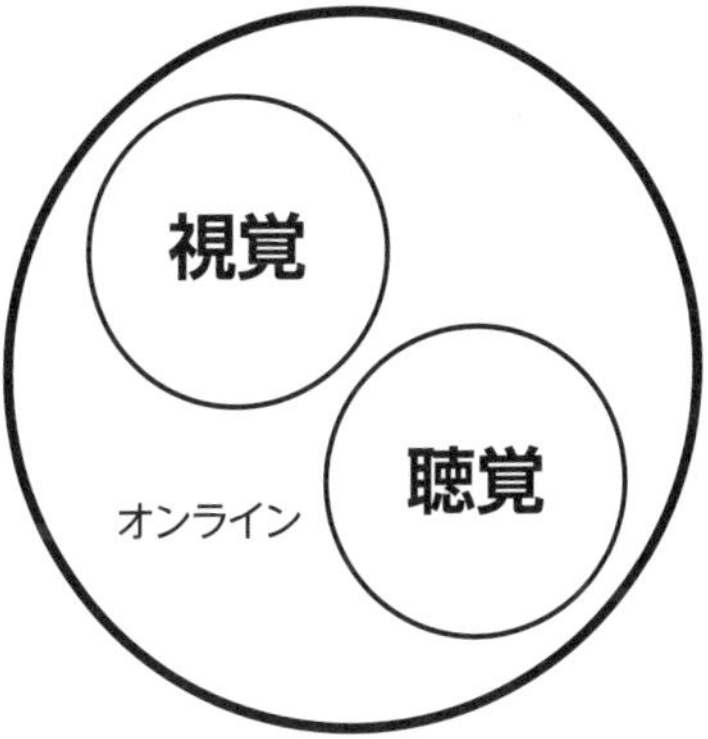

『オンラインでズバリ伝える力』目次

第2章 圧倒的差がつく、オンライン中の動き

第3章

オンラインで主張を通す言葉の使い方

第4章 オンライン上で下品に映らないためのマナー

装幀　小松学（ZUGA）
本文イラスト　坂木浩子
DTP　美創

第1章

伝わるかどうかは、会議が始まる前から決まる

「視覚はどんな感覚も打ち負かす。
私たちは目で見るのではない。
脳で見るのだ」

分子発生生物学者　ジョン・メディナ

『本章で筆者からひとこと』

「泥縄」という言葉があります。

泥棒を捕らえて縄をなう。泥棒が家に入ってから、または捕まえてから慌てて泥棒を縛るための縄を作り始めるという意味です。

今、日本中がこの「泥縄」状態と言っても過言ではありません。

突如として、必要に迫られたオンライン会議や講演会。どのような話し方が伝わりやすいのか、何がＮＧの行動なのか。皆さん手探り状態で大変だと思います。

オンラインの会議では、コロナ以前のオフライン会議よりも事前の準備が大事になります。

会議が始まってしまえば、基本的に誰の手も借りることができません。

きちんと会議前に、この章に書かれていることを実践することで、自信を持って会議に臨みましょう。

1

印象は1秒で決まる

1秒とはどんな時間か。対面（F2F）では、人に会ったらあっという間に1秒は経過します。そのあいだに私たちは「五感から1100万要素以上の情報を取り入れ、両目だけで1000万以上の信号を脳に送信している」「そのうち40要素を脳で処理する」。これがハーバード大学教授ティモシー・ウィルソンの「適応的無意識(adaptive unconsciousness)」という実験です（P19）。

たった1秒でそんなに情報が入るのかと疑う方は、今、パッと目を開けて1秒、目に入ったものを心に焼きつけてください。さて、今度はそれを言葉で表現してみてください。

細かく言い出すと延々と続いてしまい、1秒どころか1分以上かかることに気づくでしょう。

目に入るものは非常に多いのですが、言葉で表現するとなると限界があります。

この非言語の情報伝達の速さ（quickness）は言語の比ではありません。

「視覚はすべての感覚を打ち負かす」と『ブレイン・ルール 健康な脳が最強の資産である』（2020年）の著者ジョン・メディナ（分子発生生物学者・ワシントン大学工学部年間最優秀教授）はまとめています。「視覚はどんな感覚も打ち負かす。私たちは目で見るのではない。脳で見るのだ」。パッと目で見て脳で判断する、これがたった1秒でできてしまうのは恐るべきことです。つまり、何も言わなくても、すでに多くの情報を相手に与えてしまっていると常に意識しておきましょう。

「AS 非言語表現《ノンバーバルコミュニケーション》 ASQの三原則」

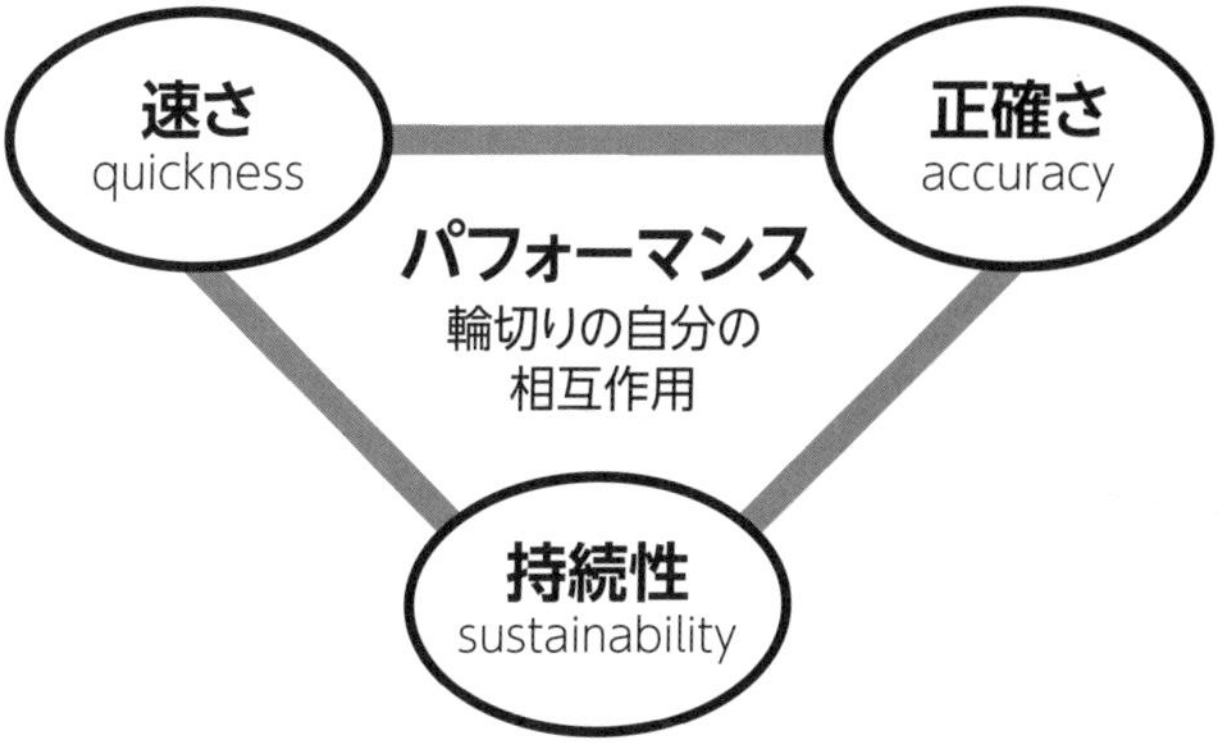

「視覚情報の速さ〜適応的無意識」

相手の心を読み取るための
視覚情報の重要性

“適応的無意識”

五感で1100万要素を取り込む
そのうち1000万要素以上は視覚情報

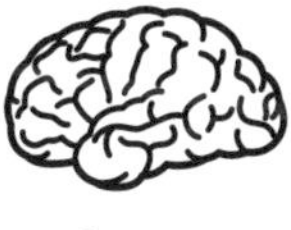

↓

40要素処理／1秒

“adaptive unconsciousness” (by T. Wilson)

2 表情は言葉よりも強烈

相手を好きか嫌いか、これが人間関係のスタートの決め手になります。

人間は好き嫌い、好意を何によって決めるのか。

「いい匂いがしたから」「お金持ちだから」と、その条件はいろいろとあるでしょう。

ここで私が実験した、「日本人の好意の総計（total liking)」のデータ（P23）のご紹介をします。

これはアメリカの心理学者メラビアンの実験法を、日本人向けに私がアレンジし、日本人を対象に行った大規模な実験です。

まず3つの単純な言葉、「どうぞ」「どうも」「ありがとう」を実践女子大学の学生に、よい声・悪い声、よい顔・悪い顔に分けて言ってもらいました（メラビアンの実験では「well」「please」「thank you」)。

そして彼女たちが話す様子を撮影したビデオを全国の社会人と学生、1000人以上に見せ、好意が言葉・声・顔の表情から、どの割合で伝わるかを集計したものです。日本人の好意の伝わり方は次のようになります。

総計100％＝言葉8％＋声32％＋顔の表情60％

メラビアンの例では顔が58％ですから、好き嫌いを決めるときに日本人はアメリカ人よりもさらに顔の表情を重視していることがわかります。パッと見て顔がいいと思ったことで相手に好感を持ち、続いてそのあとの話に耳を傾けるという手順です。

これはオンラインでも同じことです。パッと画面に現れた顔の表情がよいと相手への印象が格段に上がります。

ところが、残念なことに、対面よりもオンラインのほうが顔の表情が伝わりにくい。したがってどうするかと言えば、自分の顔の表情をカメラの中でより鮮明に映すように工夫しましょう。

なるべく顔を大きく映すこと（カメラに近寄ること）、ライトをつけること、メイクアップをしっかりすることなどがその補助手段になります。

ライトの選別については第5章で記述します。

「AS日本人の好意の総計」

言葉 8%：声 32%：顔の表情 60%

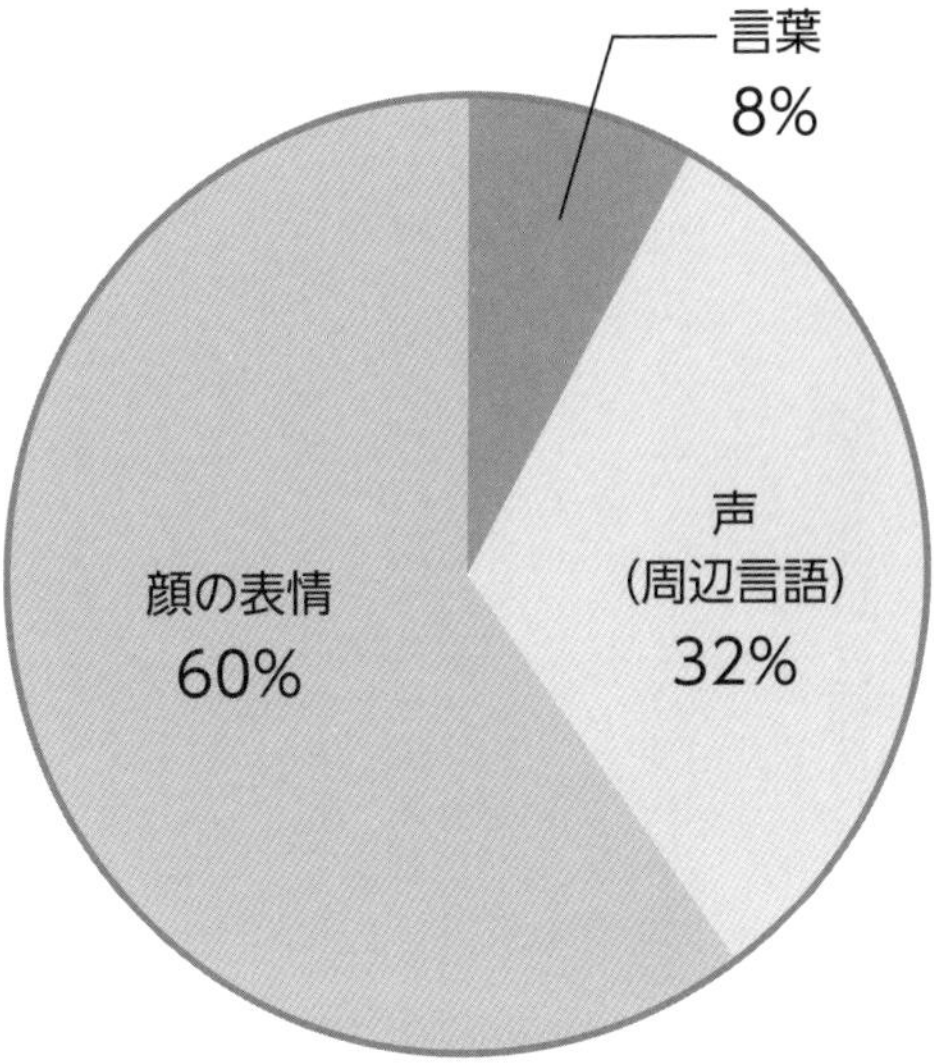

佐藤綾子, 1994, 実践女子大学研究室データ
Copyright © 2018 Ayako Sato

3

1秒の印象が、その人のイメージになる

非言語で受けた印象は、どのぐらい正確で、かつどのぐらい続くのでしょうか。

日大芸術学部演劇学科大学院生7人に協力してもらい実験をしてみました。

この7人がスピーチをしている様子を映像に撮り、そのスピーチを2秒、5秒、10秒で時間を区切り、音声をすべて除きました。つまり、口をパクパクしている人が映っているだけの映像です。

その結果、スピーチをしたA君からG君までの7人の印象が決まりました。

P26の表を見てください。

2秒で親しみやすいと言われた人は、映像を5秒に延ばしても10秒に延ばしても、結果はほとんど一緒でした。

社会人から見た印象も大学生から見た印象も一緒です。

結局のところ、パッと見た瞬間に感じ取った印象を、私たちはずっと持ち続けるわけです。この実験はたまたま2秒で行いましたが、ウィルソンの説に基づいて私も1秒で実験をしたことがあります。

結果は、1秒の印象を聞いたときにも、2秒の印象を聞いたときにも、一緒でした。

「AS顔における第一印象形成の確度と時間」

※対象AからGまで7人の動画より音声を削除

		2秒の印象	5秒の印象	10秒の印象
A君の例	社会人の回答	親しみやすい	親しみやすい	まじめ
	大学生の回答	まじめ	まじめ	まじめ
B君の例	社会人の回答	まじめ	優しい	優しい
	大学生の回答	優しい	優しい	優しい
C君の例	社会人の回答	明るい	明るい	明るい
	大学生の回答	明るい	明るい	明るい
D君の例	社会人の回答	まじめ	まじめ	まじめ
	大学生の回答	明るい	明るい	明るい
E君の例	社会人の回答	まじめ	まじめ	まじめ
	大学生の回答	まじめ	まじめ	まじめ
F君の例	社会人の回答	頼りない	頼りない	頼りない
	大学生の回答	頼りない	頼りない	優しい
G君の例	社会人の回答	明るい	明るい	明るい
	大学生の回答	明るい	明るい	明るい

出典：『一瞬の表情で人を見抜く法』佐藤綾子、PHP研究所、2009

4

相手の欲求は目から読み取る

非言語情報は実に雄弁だということをここまでお知らせしてきました。その中でも最も雄弁なのが視線の動きです。

例えば電車の中で、前髪を顔の前に垂らして俯いて周りからの視線を避け、自分もまた人の顔を見ないようにしている男女をときどき見ることがあります。この人たちの中には精神医学分野では対人恐怖症と呼ばれている人たちがいて、対人恐怖症の多くの人が該当するものが視線恐怖症例だとされています。

人に顔を見られるのが怖く、自分も人の顔を見たくない。その場合の欲求は「私に話しかけないでください」「私は一人になりたい」という「回避欲求」を示しています。このことを証明するために、私の研究室で二者の対話場面という設定を大学生男女100人にお願いして、その中から最も長く相手の顔を見つめている男女、上位5

人ずつに「EPPS性格テスト」（心理学者ヘンリー・A・マレーの考えに基づいてアレン・L・エドワーズが作成）という225問からなる15の欲求を調べるテストを受けてもらいました。

他の人もEPPSテストを受けましたが、P31の男女5人の共通図を見てください。これは5人のスコアを重ねて平均値を取った彼らの欲求分布です。

EPPSで測れる欲求は15種類です。

①達成欲求　②追従欲求　③秩序欲求　④顕示欲求　⑤自律欲求　⑥親和欲求
⑦他者認知欲求　⑧救護欲求　⑨支配欲求　⑩内罰欲求　⑪養護欲求　⑫変化欲求
⑬持久欲求　⑭異性愛欲求　⑮攻撃欲求、です。

図をご覧ください。相手の顔をよく見つめている男子は、顕示欲求と変化欲求が強いことがわかります。自分を見てほしいと思う欲求と、変化・成長・進歩していきたいという欲求の強い男性たちです。

一方、女子の場合は男子とは違う欲求によって相手の顔を見つめていることがわかりました。顕示欲求はやはり強いのですが、男子にないものとして、養護欲求の高さと異性愛欲求の高さが注目されます。「護ってあげたい」と思って見ている。異性を愛し愛されたいと思って見ている。同じアイコンタクトでも男女では本心が違うわけです。ビジネスでしっかりと相手の顔を見ている男性は当然この「顕示欲求」「変化欲求」が強い。女性の場合、あまり見つめたら悪いかしらという遠慮もありますが、それでも「養護欲求」「異性愛欲求」「顕示欲求」の3つが強い女性が相手の顔をしっかり見ています。

ではなかなか人の目を見ない人はどうなのか。実はEPPSで最も問題となるのはすべての欲求が低い人です。成長したいとも思わない。変化したいとも思わず、自分を見てほしいとも思わない。欲求のスコアが低くてやる気のない人々です。要するに、仕事や人間関係はアイコンタクトがしっかりしている人を選んでいけば間違いないということになります。

オンラインでもしっかりアイコンタクトを取って聞いている人を指名することがZoomセミナーや会議が上手くいくコツです。また、自分がしっかり聞いているということを示したければ、決して下を向いてメモを取ったりせず、相手の顔を見つめながらメモを取ることです。メモの文字自体はあとで書き直せばいい。その場面で相手の顔を見ていなかったことは致命的になります。オンラインでもオフラインでも練習してしっかりアイコンタクトができるようにしましょう。

「ASアイコンタクト量の多い男女のEPPSテストによる15の欲求の特徴」

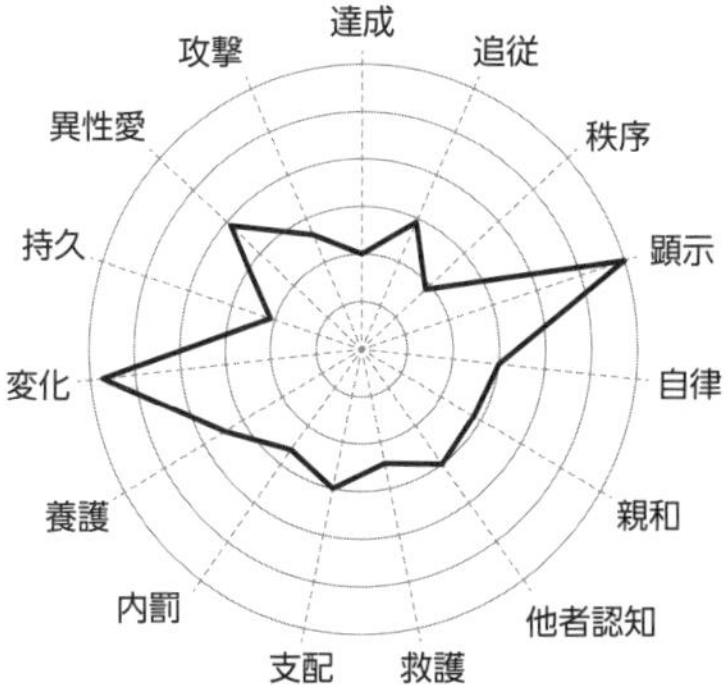

男子上位5人の結果

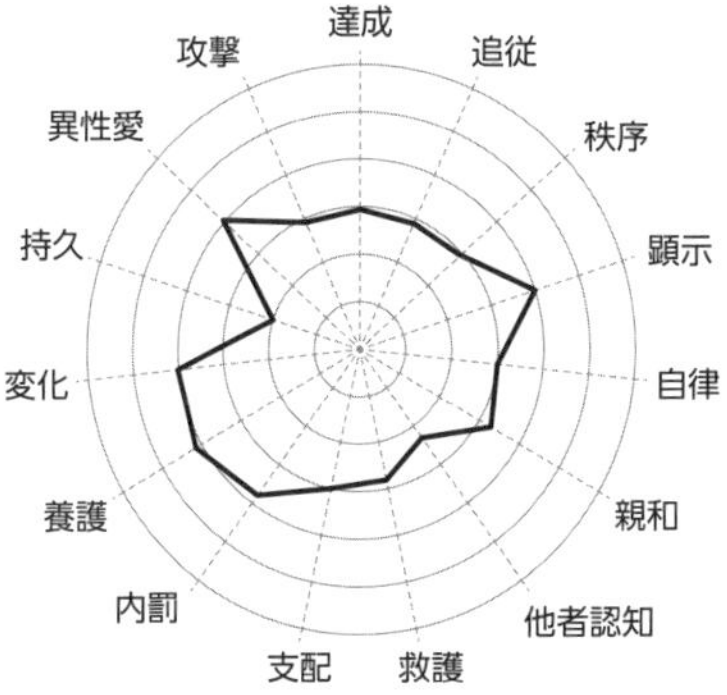

女子上位5人の結果

出典:『自分をどう表現するか パフォーマンス学入門』佐藤綾子、講談社現代新書、1995

5 人は言葉を聞く前に顔を見ている

明日プレゼンがあるとなると、何を言うかをしげしげ考え、原稿を書いて、必要なところにはマーカーをして、ここを忘れないようにと誰もが努力します。

ところが、それをどんな顔で言うかまで想定している人は少ないでしょう。

当日になり「こんにちは。ご紹介された山田です」と仏頂面で始めてしまうと、そのときにすでに聞き手はその人の顔を見ています。対面の場合、壇に上がる途中から見られている場合もあります。

Ｚｏｏｍなどは画面に映ったところからです。

声が出るよりも前に視覚情報が参加者の目に入っているということになります。そして、話が始まり、表情に変化をつけず「御社にこんなに素晴らしい提案があります」と仏頂面で提案しても説得力がないでしょう。

数年前、民放の女性アナウンサーが、不幸な出来事で何人かが亡くなったというニュースの中でにっこりしてしまったので、視聴者からさんざんクレームが入りました。どんな顔でどんな言葉を言うかは、セットで考えるべきです。

オンラインの場合、いい匂いや、周りに飾った花束で印象をごまかすというわけにいかないので、どんな言葉をどんな表情で言うのか意識してメモして、それを実行しましょう。表情を伝えやすくするための顔のトレーニングも必要です。

表情訓練は第5章で詳しく解説します。

「表情筋」

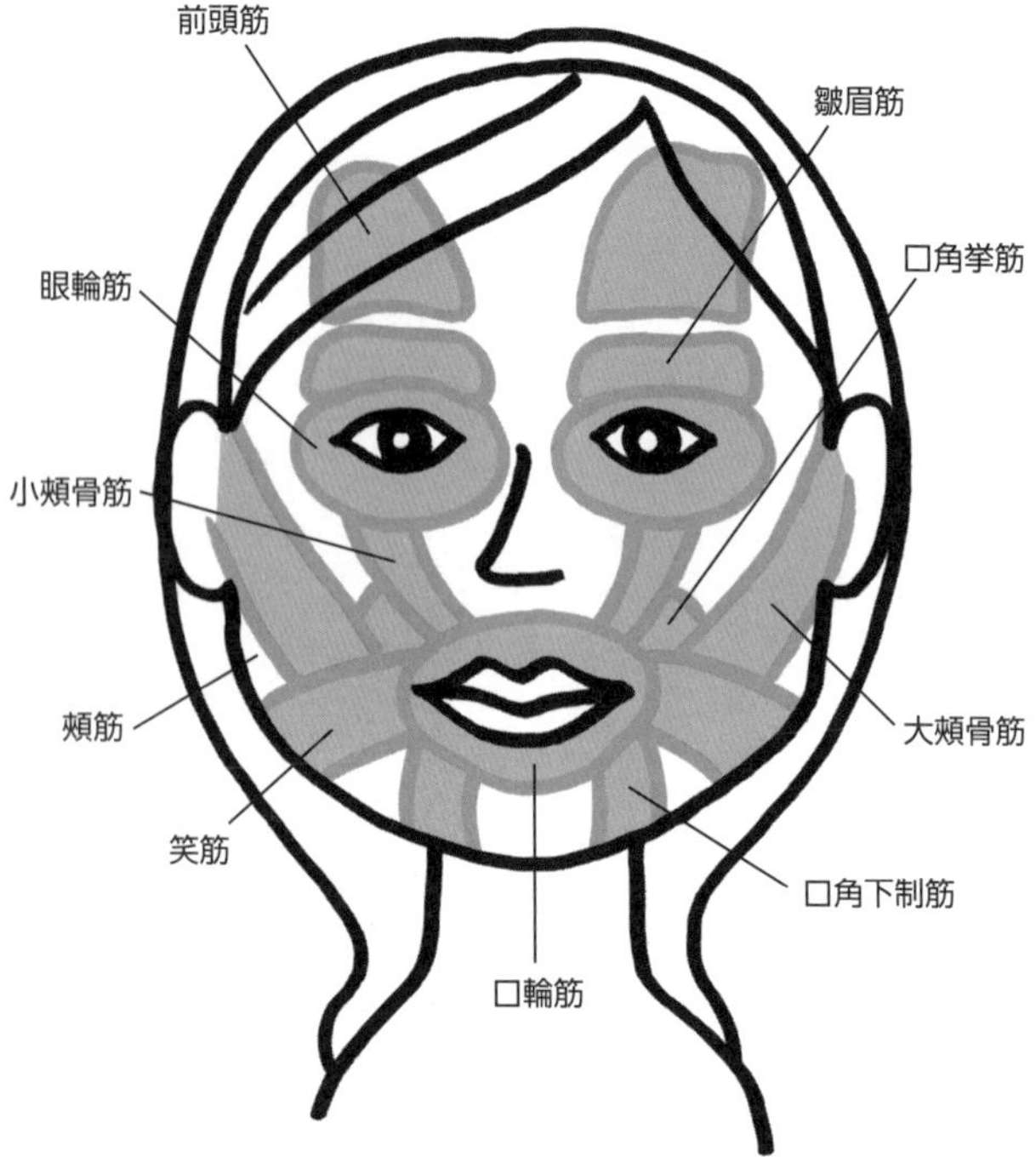
前頭筋
皺眉筋
口角挙筋
眼輪筋
小頬骨筋
頬筋
大頬骨筋
笑筋
口角下制筋
口輪筋

6

顔の表情は歌舞伎役者のつもりで大きく動かそう

歌舞伎役者はなんであんな大仰なメイクアップをするのでしょうか（P38）。目には隈取《くまどり》をし、ときには目をきらりと光らせるために特別な目薬を入れたり、眉は太く描いて吊り上げたり、髭も大きく描いて、口の左右から始まったのが耳のあたりまで伸ばしています。オーバーメイクもいいところです。

なぜそうするのか。

舞台で動いている役者の顔を見ていると、見物人はなかなか顔の表情が読み取れません。そこで、オーバーメイクにします。例えば、「見得を切る」というような場面では、目をカッと開いて口自体も大きく描いて見せるほうが、見得を切っているというこことがよくわかります。

これに対して能の面は控えめです。役者の顔のほうが能面よりも大きくて、能面は顔の中にこぢんまりとつけられています。そこで、能の見物人と役者のあいだに一つの決まり事が必要になるのです。「目利きの客」「目利かずの客」といわれるように、能の場合はストーリーをあらかじめ知っていて、あの長々しい謡の文句を聞いただけで、さてはこれは嫉妬に狂っているのだとか、ストーリーを理解した上で顔を見ています。

そうすると、ここで泣くはずだと予期しているので、顔よりも小さなマスクで袖を顔に当てて、「シホル」という小さな動作をすれば、しくしく泣いているのだということになります。約束事があるから、顔があまり見えなくてもイマジネーションが働くのです。

さて、一方、オンラインでは何の約束事もありません。

顔が見えなかったり、表情が読めないと当然イライラします。

私自身は、Ｚｏｏｍセミナーをやるときは多少メイクアップを濃いめにして、眉を太めに描いています。メイクで補うのと同時に、表情筋を極端に大きく動かします。

面白い発言を聞いたら、口角を大きく上げて大きなスマイルマークを作り「面白いですね」と参加者に画面の中から声をかけます。

男性はメイクをしない人が多いでしょうから、普段の2倍は表情を動かしましょう。

表情を大きく動かすこと、メイクをくっきりはっきりすること。

オンラインでは、聞き手に顔が見えないと、相手がイライラしたり、気が抜けてしまうため、防止策として不可欠なことです。

オンラインでは、大げさなくらい
表情を動かしましょう

7 髪型と服装は大事なフレームになる

オンラインの宿命は、発表者がパソコンの画面の中に「きちんとおさまらねばならない」ことです。画面に頭頂からバストまですべてがすっぽり入っていることがまず第一です。

ところが、たとえ入っていても頭とオデコあたりがしっかり映っているのに、口もとがほとんど見えない人がいます。実際にZoom会議をやったときに、大企業の部長さんが参加して、最初の5分間ずっと頭部の髪の毛不足と光るオデコと眼鏡だけくっきり映っていました。さすがに5分様子を見て、思い切って「Tさん、もう少し顔の下半分までしっかりフレームに入れてください」と声をかけました。画面に全顔を映して、かつスピーカー（話し手）もその人と対等な位置で話すためには、話し手はパソコンのレンズと自分の目の高さを、前もってパソコンの下に本などを置いて揃えること。参加者は全顔が画面に入るように自分とパソコンやスマホの位置を開始前にチェックしましょう。

パフォーマンス心理学の創始者はアーヴィング・ゴッフマンというアメリカの社会心理学者です。彼は著書『The Presentation of Self in Everyday Life』（『行為と演技　日常生活における自己呈示』、１９５６年）の中で、私たちの日常の自己表現には意図的に強調して見せるための「フレーム」（額縁）があるとして、これを「フレーム理論」と名付けました。簡単に言えば、注目させたいところに額縁を当てて、その外側はちょいとぼかしておくという操作を私たちの心は常にしているという理論です。

例えば紙芝居というものがあります。紙芝居のフレームの中でいろいろな物語が演じられます。そのときに外側には紙芝居師がいるのだけれど、目の前で見ている人たちはフレームの中だけを見ている。これが対面のフレーム理論です。

実はこれがオンラインでも起きます。

オンラインではパソコンやスマホの画面の中だけを見ていますから、そこがフレームです。

フレームの中に注目させればいいので、フレームの外はどんなに素敵なものを用意しても相手に見えません。例えば金銀財宝のすごい指輪をしていたとしても、バストアップしか映っていなければ、指輪は見えません。しかし、話し手がフレームの中にゴージャスさを入れようと思ったら、指輪をしている手を胸の前に持っていったらいいのです（P42）。自然と胸の前で指を組めば違和感もありません。

女性の化粧にもこのフレーム理論は当てはまっています。「私は目の形が素敵だ」と思う人はメイクアップで目を強調し、「その代わり口の形が悪い」と思ったら、口紅は薄めに塗っておけば口の形は目立たない。どこに焦点を置かせるかを顔というフレームの中で計算し、よいところを強調すればよいのです。

オンラインでは「フレーム」は画面の外枠です。髪型や服装がバストアップで映る場合は、そこにも十分気をつけましょう。フレームの中にあるものすべてをアピールの材料として徹底的に計算しましょう。

E. ゴフマン　パフォーマンス心理学のフレーム理論

8

ライトの光量と位置に気をつける

ライトがはっきり当たっていると顔が明るくなり、若々しくなります。これでビックリしたのは美人女優として有名なKさんのことです。ある会の評議員を二人でやっていたのですが、Kさんはポータブルのライトを持ち歩いていました。自分の顔を明るく見せるためです。

どこかで写真を撮られるかもしれない人はこのライト持参が一番望ましいです。でもライトを持ち歩くのも大変と考える人もいるでしょう。そんな人は、白のシャツや明るい色のスーツを着ることで顔に明るい光が反射して、顔の表情が明るく見えるようになります。また、白いハンカチなど白ものを持ち歩き、上手に胸のあたりで襟として、あるいはアクセサリーとして使っていくのもいいでしょう。

私は社外でのＺｏｏｍ対談やＹｏｕＴｕｂｅ発信をする場合は、必ず「ライトの準備は大丈夫ですか？」と聞き、相手方にない場合は自分でライトとライトスタンドを持参します。それが無理なら相手方に「なるべく明るい場所を選んでください」と伝えています。

また部屋に入ってくる直射日光が強くて、光を背中にしょってしまうと、逆光でオンライン画面が真っ暗になってしまうことも（P45）。その場合はカーテンを閉めて、入ってくる光を調整しましょう。

ライトがあるとなしとでは、
印象がだいぶ変わってしまう

9

前髪を伸ばしすぎない

少年漫画を見ていると、前髪を三束ぐらい額に下ろして、その下ろした髪の毛の後ろ側に影ができているキャラクターを見たりします。

なるほど、漫画やゲームの中のヒーローならばそれでもかっこいいのですが、現実の人間がオンラインで営業や就職面接に立ち向かうときは、前髪を伸ばしすぎないことをお勧めします。

そこにライトが当たって影ができて、顔への光をさえぎるので、顔が暗く見えるからです（P47）。オンラインではただでさえフレームの中に映せる面積が減っているから、なおさら影が強調されてしまいます。

男性で前髪が長い場合は、ワックスなどで上げてオデコを出す。女性の場合は髪を横にとめたり後ろで縛る、などの工夫をしてください。

印象UP
印象
DOWN

コラム 「オンライン事件簿」

ケース1 「そして誰も、いなくなった」

つい最近のＺｏｏｍ会議です。

議題は、高校や大学の授業がコロナで否応なくオンライン化されている中での問題点とその解決法について。某大学の教授が3時間講義し質疑応答になる、はずでした。聞き手は勤務先の指示により参加した１００人ほどの教員です。

しかし、45分ほど経過したところで一人立ち上がり二人フェードアウトし、2時間半後の質疑応答では共有画面に映った顔は半分以下。

みんなどこへ行った？

ケース2 オンラインでわかった「aha!」納得の知恵

例えば非言語コミュニケーションのわかりやすい例は、今流行りの「社会的距離」でしょう。日本人については、私の正確な実験データがあります。街の中での他人への対人距離が極めて小さい。

長く農耕民族だった日本人は今もくっついて行動する集団主義文化の民族です。私が行った新宿から小田原までと新宿から川越までの沿線2000世帯の実験調査では、日本人の街中での他人に対する社会的距離は男性108センチ、女性118センチでした。欧米の360センチにくらべたら3分の1程度です。だから、2メートル離れているのが不安なのです。この「対人距離」も非言語コミュニケーションです。対面生活の国際付き合いではぜひ「近寄りすぎに注意」の知恵を使いましょう。

第2章

圧倒的差がつく、オンライン中の動き

「意思伝達におけるノンバーバルの
重要性を理解している人は、
社会において成功するだろう。
人の上に立つ人は言うに及ばず、
演技を必要とする職業、
説得を必要とする職業には特に大切である」

心理学者　アルバート・メラビアン

「本章で筆者からひとこと」

オンラインは「一人芝居」という表現がしっくりくるかもしれません。

いざ、会議や講演会が始まってしまえば、舞台に一人で立っているのと変わりません。頼りになるのは自分自身だけ。誰かを呼んできたりすることもできません。

あなた自身が発信できるのは、言葉、声、と全身からかもしだす雰囲気。

この3つをフルに活用し、技術を徹底的に磨くことで、自分の意図したメッセージを相手に伝えられるようになりましょう。

例えば、誰かに何かを勧めるときは「自信」というメッセージを全身から出さなければいけません。また相手を褒めるときは「感動した！」というメッセージを全身から出さなければいけません。

それが下手で損している人がたくさんいます。

オンラインはごまかしのきかない舞台で、発信者は役者、と考えてください。

稽古をしない役者はいませんよね。この章でしっかり学んで練習しましょう。

1

うなずき、あいづちで引き付ける

オンラインで画面の向こうの人がうなずいたり、あいづちを打ったりするのをしっかりと見ていましょう。これが返ってくれば、わかっているという証拠です。これをパフォーマンス心理学では「言語調整動作（レギュレーターズ）」と呼びます。

対面では、「そうですか」「なるほど」「もっというと？」などと合いの手を入れたり、首を「うんうん」と縦にふったり、「まあ！」などと感嘆の声をあげることや、「それで？」と、身を乗り出すのがこの言語調整動作です（P55）。相手の気持ちをよくして、どんどん話させたり、逆に言語調整動作が不足すると相手が話を止めてしまったりする重要な動作です。

言語調整動作が上手い人は、言ってみれば「話させ上手」な人です。オンラインでも積極的にこれを使いましょう。ただしＺｏｏｍ会議でホストではない各参加者がそれぞれフレームの中で「なるほど！」など大きな声を出すと他の人のノイズになります。開始前に「聞いているだけのときは『ミュート』をオンにして、同感したときは大きく首を縦にふって賛同の意思を示してくださると助かります」と約束事を決めましょう。

ホストとして講演や研修をする話し手は画面の中をよく見ていて、聞き手からそういう動作が来たらどんどん話を続けましょう。また、相手の質問やディスカッションのときに、こちらもうなずいたり身を乗り出したりして言語調整動作を活発に返してあげましょう。会話が進むコツです。

言語調整動作
regulators

あいづちやうなずきが典型例で、対話の進行における調整機能を果たす非言語行動。「そうですか」「なるほど」「それで?」など、言語調整動作が上手い人は「話させ上手」

オンラインでは、ミュート機能をつけ忘れて大きい声でやりすぎると話し手をさえぎってしまうので注意

2 傾聴姿勢の5つのポイント

どういう姿勢で相手の話を聞くかは大きな問題です。「そうですか。そして?」「なるほど」「まあ、感動しました」と、背骨を前傾させて相手の目をしっかり見れば、「自分は敬意を持って聞いてもらえている」と感じてスピーカーは満足感を得ます。

このような姿勢は「積極的傾聴技法」(アクティブリスニング)と呼ばれて、対話やカウンセリングやデパートのクレーム処理にも大切な技法として広く使われています。

その特徴をひとことにしたのが「SOLER原則」です(P58)。

相手にまっすぐに向かい合う(Squarely)、

開いた姿勢の(Open posture)、

背筋を傾ける（Lean）、
目を見つめる（Eye contact）、
緊張しすぎないゆとり（Relaxed）。

これはオンラインの中でもしっかり使えます。参加者が何か質問したときに、面白い質問だと思ったら、画面の中で身を乗り出し、「それは面白い質問ですね」と目を大きく見開きましょう。SOLER原則はオンラインでも積極的に使いましょう。そうするだけで自然と会話が進みます。

「SOLER原則」

① Squarely

真正面に相対する
（相手の情報を最大限に収集する）

② Open posture

迎え入れる態度
（体の前で手足をクロスさせない）

③ Lean

前かがみの姿勢
（体が向く方向は「興味がある方向」と重なる）

④ Eye contact

相手の目を見る
（「柔らかく見つめ続ける」という感じで対峙する）

⑤ Relaxed

リラックスした態度
（聞き手側の緊張をまず解く）

by Eagan

3

対面より0・8倍速で話すと聞き取りやすい

対面での会話で快適な文字数は、1分間あたり266文字、ひらがなと漢字が適当に交じっている平均的なケースです。ところが、オンラインになったとき、この同じスピードで話そうとすると、なかなか聞き手がついてきません。五感のうち視覚、聴覚しか使えないことで、理解度とインパクトが落ちがちだからです。そこで同じ文字数で喋られると、言葉の判断ができない場合があります。簡単に言えば、わかりにくいのです。

私たちは、相手の顔がよく見えれば、耳で聞き取れなくても、唇の形を読んで単語を判断したり、相手の全体の服装で信憑性を判断したりもできます。

ところが、オンラインでは画面の中だけなので、言葉の周辺にあって意味を補助するスキルが十分に使えないのです。したがって1分間あたりの文字数をやや減らしてゆっくり話す必要があります。これについては最近の私の実験データがあります。普段1分間あたり266文字で話している私の1分間のスピーチを240文字にする。つまり10％文字数を減らしてオンライン研修の参加者（被験者）に聞いてもらいました。これでも十分わかると好評でした。私は人様にスピーチや演説を教えている立場ですから、相当に普段の発音がクリアです。他の発表者と同じ内容のスピーチをしても、議事録を作るスクリプターの方々から「アヤコ先生の声はテープ起こしが楽です」と、よく言われます。

対面でも普段、発声・発音の訓練をしていない人は、さらに10％落として20％減らした文字数で話すことをお勧めします（P61）。

「ASオンライン周辺言語実験データ
話のスピードと日本語のワード数」

F2F

↓

266.5words／1min

オンライン

↓

213.2words／1min

(≒F2F×0.8)

いつものペースで
話すとオンライン
では伝わりづらい

4

大きい声よりも、強弱のある声が心に響く

どんなに大きい声を出しても、その大きな声のトーンを変えずに話し続けると、聞き手は居眠りしてしまいます。

大騒音の中で育った子が、慣れてしまえば昼寝もできるのと同じです。

相手が関心を持つための声には、強弱が必要です。

小さな声で囁くように話していたと思ったら、ガンと声のボリュームが上がって、そこが突出する。逆に強い調子で話しているところで、急に声のトーンを落とす。

これを「プロミネンス」と言います（P64）。

プロミネンスは「突出」という意味です。とがったところという意味です。音声の専門家たちはこれを「言葉を立てる」というふうに言います。

オンラインの中では淡々と言わずに、どこにプロミネンスを置くか、原稿でマーカ

ーをつけておいてもいいし、そこだけ文字をでんと大きくしてもいいです。

そのマーカーの言葉の直前で、ほんの一瞬のポーズを置きましょう。そして「タメ」を作って「バン」とプロミネンスをぶつける。そうするとメリハリが効いた印象になります。それが話を高い集中力を保って聞いてもらうコツです。

「AS周辺言語のプロミネンス」

フラットケース

「私は昨日友人と富士山に登りました」

プロミネンスケース

① Q「君はいつ富士山に登ったの?」

A「私は**昨日**友人と富士山に登りました」

→ 急ぐときは「**昨日です**」のみでもOK

② Q「君は昨日誰と富士山に登ったの?」

A「私は昨日**友人と**富士山に登りました」

→ 急ぐときは「**友人とです**」のみでもOK

③ Q「君は昨日友人とどこに登ったの?」

A「私は昨日友人と**富士山**に登りました」

→ 急ぐときは「**富士山です**」のみでもOK

5 バストアップの「キネシクス」にすべて集約する

アメリカ大統領であるトランプさんはキネシクス（kinesics）の名人です。キネシクスは、パフォーマンス心理学の用語で「動作学」という意味です。「kinesics」の「kine」はラテン語の「動く」という意味から派生しました。具体的には止まっているときの姿勢「ポスチャー」と、動いているときの身体動作「ジェスチャー」から成り立っています。

姿勢がよいこと、動作にメリハリがあってわかりやすいことがキネシクスの名人の条件です。言葉や顔の表情がよくても猫背で手や腕がカチッと固まっていたら、その人の話から迫力（インパクト）が消えてしまいます。

反対に、内心の不安や自信のなさをキネシクスで逆転することもできます。私の仕事仲間が行った教育実習生の実験です。教育実習生数名について、生徒に印象を聞いたところ、一番良い印象だったのはA先生でした。理由は「A先生が堂々と胸を張って、ニコニコしていたから」ということでした。しかし、A先生は実は「不安でたまらず、ニコニコすることを心がけた」とのこと。笑顔と姿勢が内心の不安を逆転したのです。堂々と胸を張って、笑顔でいるという「キネシクス」は、その人を自信満々に見せます。

さて、某テレビ局の依頼でトランプさんの演説を計測していた私は驚きました。彼は大統領就任演説の16分30秒の中で、指を丸くしたOKサインを112回もしていたのです（P68）。

1分間に約10回です。親指と人差し指で輪を作るのですが、最初こそ「crime」「drug」などの強調したい言葉のところでしていたものの、だんだん調子が乗ってくると、ほぼ自動操縦（オートマトン）のようにこの動作を出しました。

彼の絶好調のときの手の動作の特徴です。

このOKサインのような手の動作は、オンライン会議の中でも画面の中でその手を顔のすぐ横や顔の前に持ってくることで十分伝えることができます。バストアップでも手の動きは十分入れられます。手を広げて、こちらへどうぞと手招きしたり、話を聞いてもらって上手く終わったとき、画面の中でパチパチと手のひらを合わせて拍手の動作を送ることもできます。バストアップの身体動作でも、キネシクスはきちんと計算して使いましょう。

対面のときは全身が使えますから、そのときはまたキネシクスの計算を、面積を大きくしてすることが必要です。

「トランプ大統領のキネシクス」

（就任演説2017/1/20　16分30秒）

OKサイン 112回 ➔約10回/1min

「crime」「drug」
強調したい言葉にOKサイン

その後は、オートマトン（自動操縦）のようにOKサイン

6 YouTube、Zoom、動画ではどこをどの長さ見つめるか

よく、「相手の顔をしっかり見て話しなさい」と対面で言うと、「どのへんを見たらいいですか」と質問が返ってきます。これを測るために、アイカメラで実験したことがあります。対面で喋っていると、相手の瞳のど真ん中を見つめなくても、P71の図のように両目を結んだ横のラインと、縦は鼻のタテ2分の1あたりを結ぶ扁平二等辺逆三角形の中に視線が入っていると、相手はよく見つめてくれたと答えています。

動画でも相手の顔のそのあたりに視線を集中することはとても大事です。

つい先日、私のZoomセミナーに大学4年生が参加しました。彼は『『相手の目を見つめるように』と面接の本に書いてあるのですけれど、就職活動のZoom面接でどこを見たらいいかわからない」と言いました。「Zoomの中で映っている面接官の顔を見る」のがいいに決まっていますが、そうするためにオンラインではどこを

見たらいいのか？　答えは「カメラを見ること」です。

例えば相手が在宅勤務中の部下だとして、ここは一つガツンときつく言っておかなければならないと思ったときには、カメラの中でいいので相手の瞳にフォーカスするつもりで目の上部の上眼瞼挙筋にぐいと力を入れて強く見つめましょう。相手は「頑張ります」と約束の言葉を口にするでしょう。

表情筋の詳細は第5章でどうぞ。

「強いアイコンタクトを伝えるための扁平二等辺逆三角形」

相手の両目と鼻のタテ1/2あたりを見つめる

オンラインでは、
カメラを意識して見る

7

笑顔は口角挙筋と頬骨筋を斜め30度に引き上げる

「笑顔で話しましょう」と言うと、「とにかくにっこりすればいいのですね」と言う人がいます。対面だとそれぐらい大ざっぱでも何とかなるでしょう。そのせいでしょうか。スマイル研究がスタートした今から50年ぐらい前は、フルスマイルと言えば歯が8本、ハーフスマイルで4本、クォータースマイルで2本、上下の歯が見えるという、笑えないようなバカバカしい目安がありました。

「出っ歯だったらどうするのか。歯はいつも出ている」「年を取って歯が抜けたらどうするんだ」と人々の悩みの種になりました。

要するに歯の本数では笑顔の測定は不可能なのです。

そこで出てきたのが、口角挙筋（口の両サイドから耳に向かう筋肉）と、頬骨筋（大頬骨筋、小頬骨筋からなる頬の動きをつかさどる斜めの筋肉）に注目することです。

ここをぐんと引き上げて、はっきりした笑顔を向けてあげましょう。記号のスマイルマークのようなリップラインにしましょう。オンラインで一番重要な相手から見てわかりやすい表現です（P74）。

第5章でしっかり訓練してください。

「笑顔を3つの大きさで使い分ける方法」

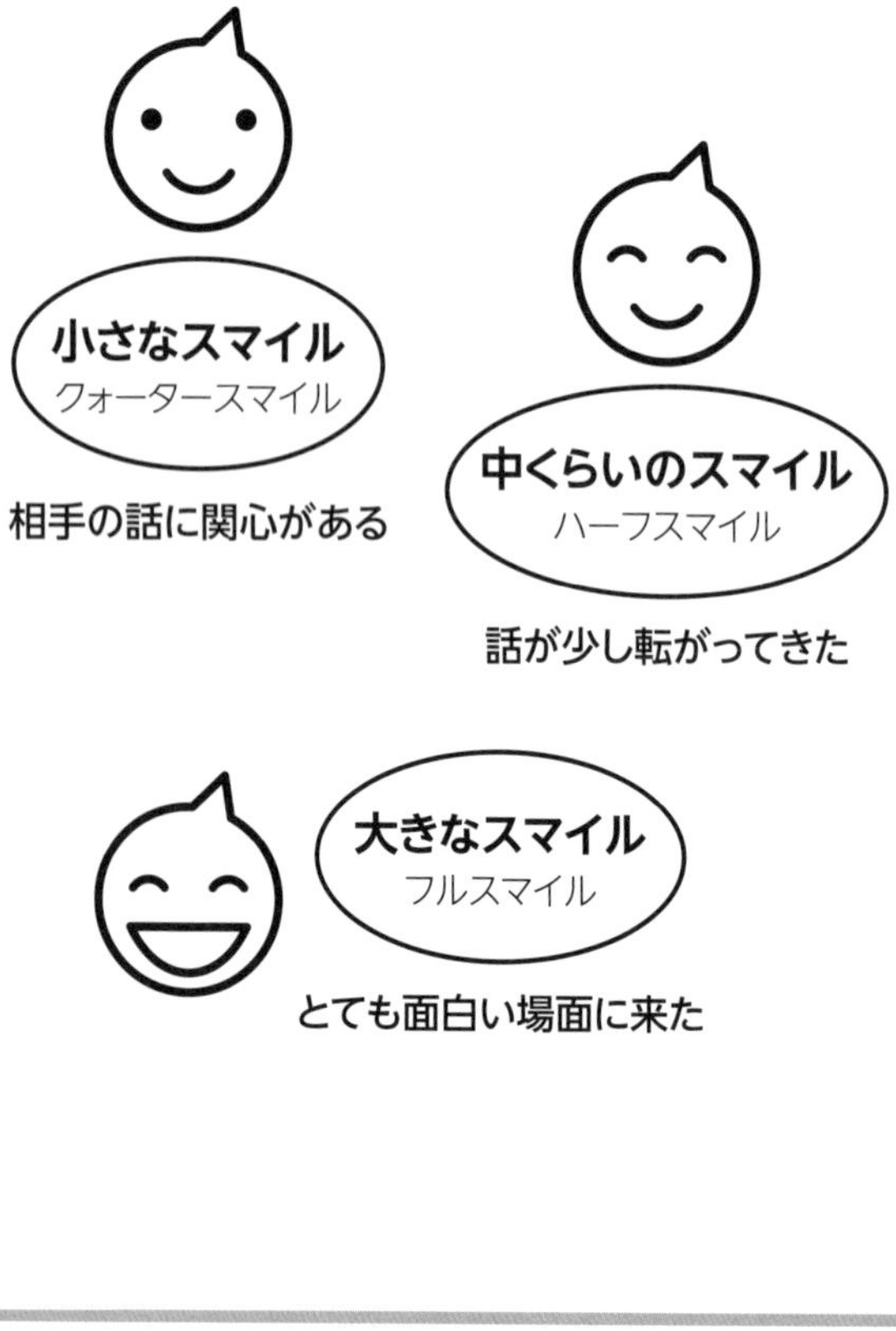

8

会話中の1分間のうち32秒以上相手を見つめる

「しっかり相手の目を見て話しなさい」と対面で言うと、ガッと目を開いた受講生が、「それで1分間のうち何秒ですか」と聞き返してきます。私が行った100人の社会人を対象とした実験では、「1分間のうち32秒以上のアイコンタクト」が、二者間の対話で相手が十分見てくれていると回答者たちが報告した数字です（P76）。

対話中の1分間あたり32秒の目線はオンラインでも必要です。キョロキョロして、「どこの資料だったっけ」とやらないで、ペーパーから目を上げてフレームの中の相手の顔を見ること。オンラインの場合は実際には「カメラに向かって喋る」ことになります。メモを取るのもOKですが、ずっと手元を見ていると知らない間に顔がレンズから外れてしまうので、相手は聞いてくれているのか不安になってしまいます。カメラ目線で話しましょう。

「相手の心をつかむ理想のアイコンタクト」

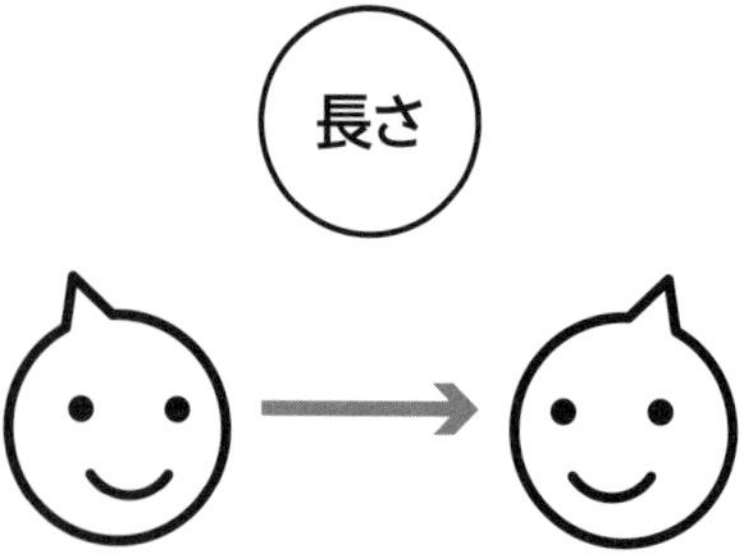

1分間あたり32秒以上

アイコンタクト3要素

1. 見つめる強さ

上眼瞼挙筋に力を入れて瞼を上に上げる

2. 見つめる長さ

対話なら1分間のうち32秒以上、集団相手の演説やスピーチはまばたき以外のほぼ全時間

3. 見つめる方向性

相手の目あるいは両目の外側と鼻のタテ1/2を結ぶ扁平二等辺逆三角形にフォーカスする

9

対談では相手に直面するよりも顔をカメラ視野に入るように向ける

何か対談やインタビューをして、それをオンラインで流したり、ビデオで映したりすることがあります。相手と喋っているのだから、その人に正対しなければいけないと礼儀正しく考えて、真正面から相手の目を見て正対する日本人はとても多いものです。

ところが、それをカメラに映す人は、二台のカメラを使ってバラバラに映すならともかく、一台でおさめようとすると、ちょっと引いて全体を撮ろうとします。そのときに自分の顔が対談の相手だけに向いていると、画面を通して視聴者が見たとき、あなたの表情が見えないことになります。相手に直面するのも大事ですが、カメラ目線だとどうなるのか開始前に調べましょう。

詳細な配置は次ページの図でお伝えします。

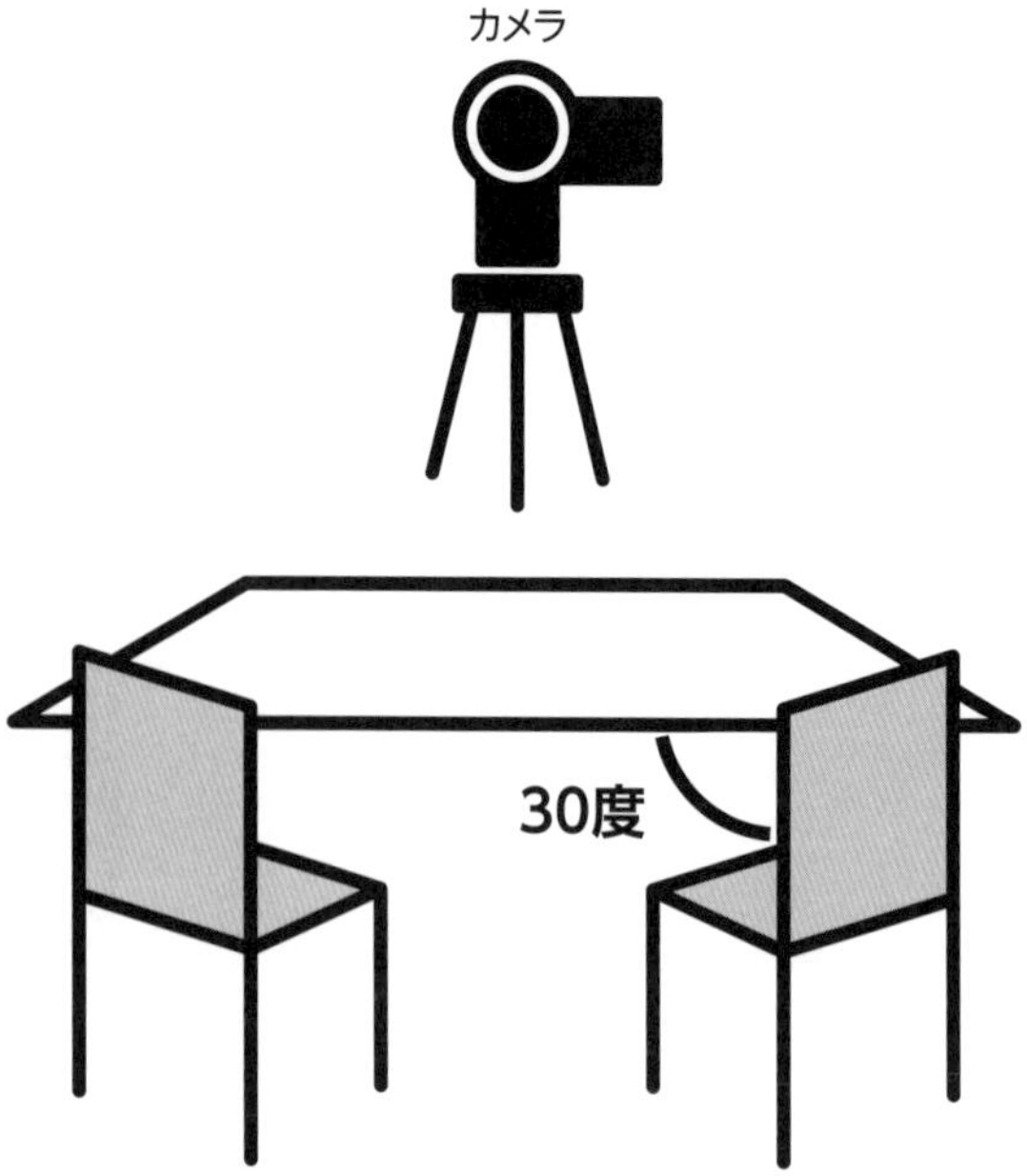

1. 机と体の角度が30度になるように意識する

2. 対談相手と正対する必要はない。
カメラ目線を意識する

10 相手の微表情に注目して、話題を変える

相手の顔にちょっとでも険しい表情が浮かんだら、話を変えたりストップしたりする、こんなことができると相手との会話はスムーズに進みます。

そのときに役に立つのが「微表情（ミクロイクスプレッション）」（P81）という考え方です。何回相手の目を見つめたかという回数ではなくて、ほんのかすかな表情筋の動きだけれど合計何秒間見たのか、かすかな笑みを何秒浮かべたのか、それが微表情のチェックです。相手の表情は自分の話を変えるバロメーターです。

微表情は普通の人は見落としがちなのが特徴でもあります。私はここ25年間ほど人間の対話中の表情を撮影して、その画像を0・5秒ずつ止めながら動き方をシートに記入するという計測方法を取ってきました。

しっかり相手の顔の表情を見て、ほんの一瞬の微細な表情を見落とさないように気

をつけましょう。

普段気難しい上司がＺｏｏｍ会議で一瞬かすかに口元を緩めたら、それはあなたの話に「興味を持った」というサインです。見逃さずにその話を膨らませましょう。一瞬眉間にシワが寄ったら疑いのサインです。このような微表情まで読むためには相当なオンライン以外の場面での訓練が必要です。

「代表的な微表情」

およぎ目の人
=隠れた自信のなさ

上向きのおよぎ目
=何かを思い出している

突然の目の見開き
=驚きの表れ

眉間のシワ
=口に出せないノー

唇を小さくとがらせる
=幼児性か不満の意思表示

視線を外して遠くを見つめる
=夢や希望の表れ

11

オンライン会議で失敗しない発言権受け継ぎの原理

対面で話をしていても上司と部下が話していれば、部下は上司から発言権を奪いにくい。これが「発言権受け継ぎの原理」です。地位によって、途中で発言を奪うのがより大変だったり、より楽だったりするわけです。

そこで、オンライン会議で失敗しない発言権受け継ぎはどうしたらいいのでしょうか。手を挙げて司会者に、こっちに発言したいことがあると身振り手振りで示しましょう。言葉で言うとその声が入ってしまい、受け継ぎが上手くできないときがあります。

オンライン慣れした大手テレビ局などでは最近、発言したい人のサインや疑問のサインのアイコンを作って、聞き手の顔の窓の左上あたりに出せるように組み込んである番組もやっと少し出てきました。

この受け継ぎの原理ですが、相手をよく観察することでタイミングをつかむことができます。相手の言葉のわずかなポーズや小さな動作や表情変化をよく見て、どこで受け継げるかタイミングを推察し、今だと思ったらすかさず上手に発言権を奪いましょう（P84）。

私が常にオンライン会議で使っている「受け継ぎの原理」のスキルや、長いオンライン講演やオンライン研修での休み時間の配置などは第5章で詳細に紹介します。

『3つの「受け継ぎの法則」』

話の主導権を握るために活用したいのが「受け継ぎの法則」。以下の3つのシーンでは、相手から話の主導権を自分のほうに移しやすいので、見逃さないようにしましょう。

シーン1
相手の声のトーンが下がったとき

シーン2
相手の息継ぎのタイミングが来たとき

シーン3
相手が資料に目を落としたとき

コラム

ケース3　オンラインで登校拒否が直った怪我の功名

子供たちが、オンラインで学校の授業を受けている。先生の発音が悪くて何を言っているのかわからないので集中できず、飽きてしまう。オンライン授業だと教室ほどたくさん質問ができないので、子供にストレスがたまる。

そう見ると悪い点だけ目立ちます。

が、貴重な現象も起きています。いじめられっ子や仲間付き合いが苦手な子がオンラインの中でグングン実力をつけている！　ここで得た自信を対面登校につなげるのは大人の仕事でしょう。

ケース4　聞くと見るとは大違い

学校の先生が怖い顔をして嫌だと子供から聞いていたお母さん。子供がパソコンでオンライン授業をやっているので、横からのぞき込んでビックリ。ニコニコ笑顔で子供に○○ちゃんと呼びかけていた！「あなたの勘違いよ」と自信を持って説教。仕事が多忙で保護者参観に行けなかった分を取り返した思いだったとのこと。

第3章

オンラインで主張を通す言葉の使い方

「話し手が、相手に信頼される
『エトス』の構造
→事前エトス(initial ethos)
→由来エトス(derived ethos)
→終結エトス(terminal ethos)が
重要である」

アリストテレス

「本章で筆者からひとこと」

オンラインで使用する言葉は、口から出る言葉と、パワポなどの資料による言葉の2種類です。この言葉は、徹底的にわかりやすくしないと伝わりません。オンラインはただでさえ、相手の機器の調子が悪かったりと、聞き取りづらい環境が頻発します。そんなときに、あなたがゴニョゴニョ話しても、聞いている人を困惑させるだけです。

話しているとどうしても、カタカナ語、専門用語を使ってしまう人もいます。オンラインでは、相手がわかっていないことも、なかなか伝わってきません。一方的に話して、周りからは「よくわからなかった」と思われる前に、この章で言葉を磨いて、なるべくわかりやすく、短く伝えることを意識しましょう。

1

話がわかりやすい人が使う一文一義の原則

政治家の演説がとぐろを巻いて、何を言っているのかさっぱりわからないことには定評があります。今まで私が分析した政治家の演説で最も長かったのは、首相時代の故・橋本龍太郎さんの一つのことを言うのに7行を使ったケース。

そののちの小沢一郎さんも一文が長いことで有名です。しかし、彼の場合は、ごく短いものがあったり、猛烈に長いものがあったり、言ってみればバリエーションに富んでいます。

ところが、オンラインでとぐろを巻かれると、聞き手は何が何だかまったくわからず集中力が続かなくなります。一文一義が原則なのです。そして、聞いた言葉がパッと絵のように頭に浮かぶのが原則です。例えば、「A＝B」なのか、「A＞B」なのか、「A＜B」なのか、これらを文章で言うのと記号で見るのではどうでしょうか。当然、記号で見るほうがわかりやすいです。オンラインでは「記号になるような文章で話す」ことも一つの目安です。もう一つは、英語にしたときにシンプルな英語に訳せるものがシンプルなオンライン的文章になります（P91）。

これからの時代、いわゆる対面の社会とオンラインやAI、ITなどの社会が統合されて、ハイブリッドな自己表現が求められていくことになるでしょう。「一文一義」と「シンプルセンテンス」の原則を頭に入れておくとわかりやすい文章ができます。何回か自分の話す文章を原稿に書いて、短く絞れているかをチェックしてみてください。

「AS一文一義のヒント①」

記号で置き換えられるか?

一文一義

↓

A=B

A≒B

A≠B

A>B

A<B

「AS一文一義英文化のヒント②」

英語の短文でS+V+O or S+V+Cに置き換えられるか?

I help you (私が) あなたを助けます

➔ S + V + O
主語　一般動詞　目的語

I am a leader 私はリーダーです

➔ S + V + C
主語　動詞　補語

2

新聞の見出しをつけるように話す

長い話を聞いていると、「あなた、一体何が言いたいの?」と聞き返したくなるときがあります。対面でもそんなことが発生するのです。ましてオンラインやＳＮＳになったら余計にそうです。メールがいい例でしょう。長々としたメールが来ると、「結論は何なの?」と、最後の2行の結論だけ読んで途中は読まない。そんなものです。

要点絞りのトレーニングとしては、対面でもオンラインでも、新聞で見出しをつけるように自分を訓練するのが一番手っ取り早いです。例えば、２０２０年5月25日の日経新聞の大見出しは、「全面解除きょう諮問」。そのサブタイトルに、「緊急事態宣言『感染減少続く』」とあります。ところが、実際に西村財政・再生相の喋った言葉によれば、「大きくは減少傾向にあることに変わりがない」となるのです。

変わったの？　変わらないの？　変わらなかったのです。減少したの？　増えたの？　要するに減少なのです。「大きくは減少傾向にあることに変わりはない」と言うならば、細かく言えば減少傾向は変わったのか？　そうかもしれません。こんなふうにたくさんの憶測を生む文章は、対面でもオンラインでも好ましくないのです。

新聞の見出しだったら自分はどうつけるか（P94）。そう考えながら、パワポの文章を作ったり、オンラインで発言していきましょう。大事なのは要点絞りです。

『新聞の見出し脳トレ』

下記の文章を読んで、解答を見ないで見出しを作ってください。

〔大見出し〕

〔小見出し〕

〔本文〕

新型コロナウイルスによる肺炎を巡り、厚生労働省は17日、発熱などの症状がある人が専門の相談センターに電話相談する目安を公表した。
風邪症状や37.5度以上の発熱が4日以上続く場合などを例示した。
相談センターは感染を疑えば、患者に専門外来を紹介する。高齢者や持病のある人は重症化しやすいため、症状が2日続いた場合に相談する。

厚労省は感染拡大を防ぐため、発熱などの風邪の症状があれば学校や会社を休み、外出を控えることを要請した。電話相談の窓口は都道府県などが設置している「帰国者・接触者相談センター」。同省は24時間対応するよう要請している。同省が作成した電話相談の目安では、強い倦怠(けんたい)感や呼吸困難の症状があれば、すぐに相談することを求めている。

(日経新聞2/18 朝刊)

〔解答:実際の見出し〕
〔大見出し〕**新型肺炎、電話相談の目安公表**
〔小見出し〕**発熱37.5度が4日/呼吸困難**

3 パワポの文字は最小限に抑えよう

ビジネスマンでも大学生でもネットで拾った文字情報をそのままパワポに貼る人がいます。これを画面で見た人はたまったものではありません。小さな蟻の行列みたいな黒いドットがテンテンテンと続くけれど、何を書いてあるのかさっぱりわからない。

パワポの場合は、フォントサイズを一気に上げましょう。全体にどの文字をどれぐらい入れるのかを計算し、その文字が実際に画面で見えるかをイメージして、それから文章を決めたらいいのです。オフラインで企画書を書いてパワポの資料印刷で持参する場合と同じ文章を、SNSやオンライン、Zoom、動画、YouTubeに持っていくのは、まったくダメです。

今まで私が最も印象的だった文字のイメージ化の例をお話ししましょう。同じ一日のことです。六本木の高級ホテルのトイレの前です。男子トイレのドアにレーザー彫刻のナイトの絵、女子トイレのドアに淑女の絵のボードが飾ってありました。なるほど、このホテルらしいと思いました。

ところが、そのあと、打ち合わせが長引いて、「もう一軒、どこかかんたんな喫茶店に行って話そう」ということになったのです。そうしたら、どうでしょう。青い逆三角形と赤い正三角形が一枚のトイレのドアに並べて描いてあったのです。三角二つで、「男性と女性どちらが入ってもいいですよ」という文章の非言語化を私が見た初体験でした（P97）。

文字をわかりやすくイラストやピクトグラムでイメージ化するにはどうしたらいいか。

長い言葉の文字を使う代わりに、できるだけグラフィックでシンプルに非言語でわからせようと考えたほうが、オンラインやSNSの世界には通用します。わかる上に面白いからです。

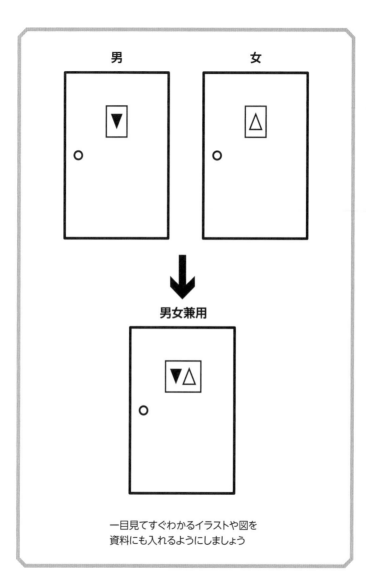

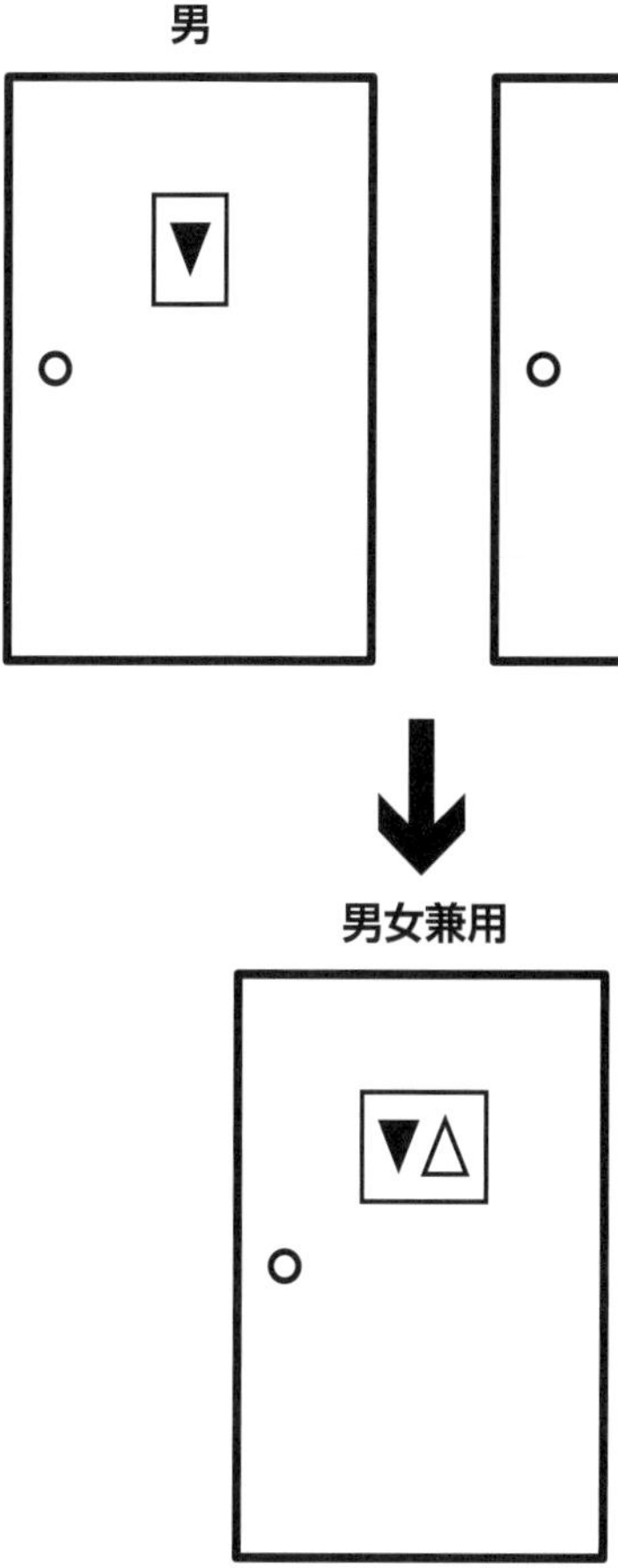

一目見てすぐわかるイラストや図を
資料にも入れるようにしましょう

4

強調したい言葉は何度も繰り返す

リズムがあると、長い文章でも音楽のラップのように覚えることができます。それで多くのアメリカ人が、「あ、あれだ」と思う、文章の頭の韻を揃えた有名な演説があります。1963年、あの人種差別に抗議の声を上げたマーティン・ルーサー・キング牧師の演説です。「I have a dream that」で始まる4行、これをよく見てください（P100）。

これを継承したのが、同じアメリカ人でやはり黒人の流れを組む、2009年1月20日のオバマ大統領就任演説です。彼はこう言いました。「For us, they packed...（以下略）For us, they toiled in...（以下略）For us, they fought and died...（以下略）」。このようにリズムを取った言葉は、聞いた人が暗記しやすいのです。

音が揃っていること、これは対面でも心地よいことですが、何といってもオンラインになったときに、目で見てわかりやすく、耳で聞いてわかりやすい、これがポイントです。とくに自分が大切なメッセージとして強調したく、このあと皆さんに覚えてもらって共有したいことについては、どうやって音の調子を取れるか、目で見た文字の絵柄が揃うか、この2点を考えて使いましょう。

「首句反復（アナフォーラanaphora）①」

マーティン・ルーサー・キング牧師の

「私には夢がある」（1963年8月28日）

I have a dream
that one day this nation will rise up（以下略）.
I have a dream
that one day on the red hills of Georgia（以下略）.
I have a dream
that one day even the state of Mississippi（以下略）.
I have a dream
that my four little children will one day（以下略）.

「首句反復（アナフォーラanaphora）②」

オバマ就任演説（2009年1月20日）

For us, they packed（以下略）.
For us, they toiled in（以下略）.
For us, they fought and died（以下略）.

5

「……らしい」と言うな

英語の言い方に、「sort of」「kind of」「so to say」、つまり「いわば」「言ってみれば」「らしい」「例えばそのような」という言い方がたくさん出てきます。なんとこれは若者言葉の類型として分類される、自信のなさの表現なのです。

これをいい大人が使っているのが今の日本の社会です。ちゃんと出典を確認もせず、ウィキペディアでちょいと見たものや、テレビのニュースで小耳に挟んだことで、「……らしい」と言うのです。

これがオンラインだと非常に罪悪なデマゴーグになってしまう。例えば、「マスクが足りないから、マスク材料の不織布と同じ材料でできているトイレットペーパーが足りなくなるらしい」と言われて、ドラッグストアの前にトイレットペーパーを求める行列ができる。

さて、どこかで見た景色。そうです。リーマン・ショックのときも、3・11のときも同じ景色がありました。足りなくなる「らしい」と、又聞きの話なので本来は無視すべき内容です。

そういう人とはお付き合いしないことをお勧めします。人生の時間、ビジネスの時間は限られています。くだらない人間と話をするならば専門的な人と話をし、確かな情報を身につけましょう。ドイツの哲学者は、素晴らしい決め台詞を書いています。美智子上皇后の愛読書でもある『愛するということ』の著者のエーリッヒ・フロムです。「又聞きや噂で話す人は、ゾンビのようで避けるべきだ」と言うのです。

ネタ元のわからないSNSやウィキペディアの情報に振り回されるよりも、きちんとネタ元を突き止めて、オンラインでも対面でも話をしましょう。その癖をつけておくことが今必要なのです。

「正確な情報を話す」

エーリッヒ・フロム

(ドイツ心理学者『愛するということ』
1956年、訳1991年)

「ゾンビのような人、つまり肉体は生きているが魂は死んでいるような人も避けるべきだ。また、くだらないことばかり考え、くだらないことばかり話すような人間も避けたほうがいい。そういう連中は、会話らしい会話はせずに、くだらないおしゃべりばかりして、自分の頭で考えようとせず、どこかで聞いたような意見を口にする」

6 論理脳に迫るか感情脳に迫るかをあらかじめ決めておく

論理で迫ったほうが話がまとまる人は対面でもたくさんいます。一方で、「一つそこを何とか私のためによろしく頼むよ」「はい」という会話が成り立つのは、対面でも信頼関係があり、どちらかというと情緒的、感情的なインパクトで物事を判断する人の場合だけです。

これがオンラインになってくると、より強くなります。自分が論理脳で判断する人は、論理脳のオンラインに惹かれる。パワポの画面でもＺｏｏｍの画面でも同じことです。

しかし、感情脳のほうが働きやすい人は、感情に迫った言葉を見たり聞いたりしたときに心が動きます。ただでさえ理屈や論理が嫌いな人がオンラインで論理的な文章を聞くと余計興味がそがれるため、心に入ってこないからです。

最近の例で最もわかりやすいのは、台湾の蔡《さい》総統が志村けんさんの死に対して送った弔辞でした。日本語です。

「志村けんさん、国境を超えて台湾人にたくさんの笑いと元気を届けくれてありがとうございました。きっと天国でもたくさんの人を笑わせてくれることでしょう。ご冥福を心から祈ります」（原文ママ）。

日本の安倍首相がこんなわかりやすい気持ちのこもった感情的なメッセージを志村けんさんへの弔辞としてテレビに出したか出さないか、皆さんがよくご存じでしょう。

論理で迫るよりもわかりやすい言葉で感情に迫ったほうが、対面でもＳＮＳでも共感を呼びます。わかりやすい言葉に勝る雄弁はないのです。

『感情脳と論理脳』

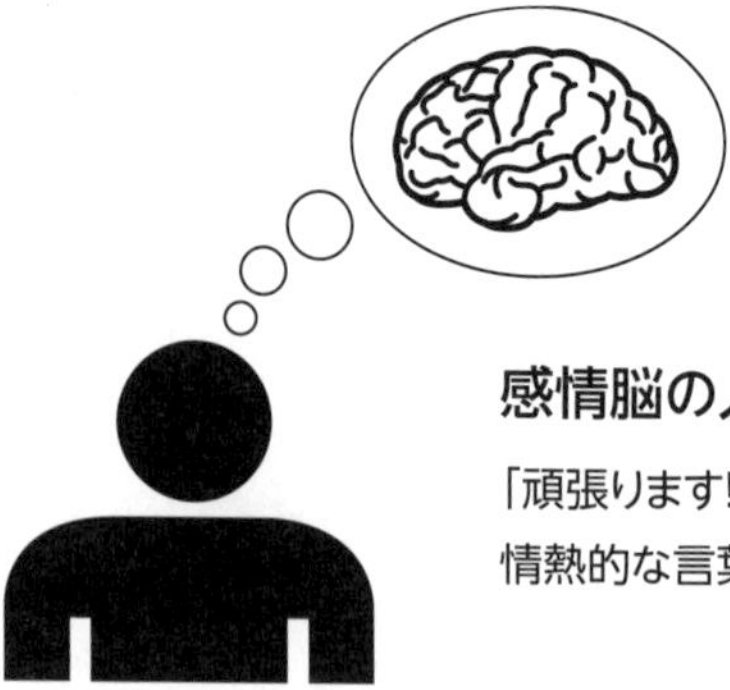

感情脳の人には……

「頑張ります!」など
情熱的な言葉を多くする

論理脳の人には……

固有名詞や数字を多用する

7

「あのー」「えーと」など、無駄な言葉癖を直す

「なるほど、なるほど」とか、「あのー」「えーと」「……とか」「つまりですね」「一言で言えば」と余分な言葉ばかり並べる癖のある人がいます（P109）。とくに日本の政治家にこれが多い。

「しかるにー」と言ってのばしたり、「と言えないこともないのですが、あー、あー、あー」と余分な言葉ばかりがたくさん入ります。それらを抜いてテープ起こしをすると、必要なメッセージは半分になってしまう。言葉癖が非常に多いのです。

そのことをきちんとチェックして、対面のあいだにその言葉癖をやめる練習をしましょう。

経営者やビジネスマンで私のもとに話し方を習いに来てくださった方たちには、まずご自身の会話をテープに録ってもらって、無駄な言葉癖を削除するようにアドバイ

スをします。オンラインで登場する場合はなおさらです。ただでさえ聞き取りにくいところへ無駄なノイズが入る。うっとうしいだけです。

さらに、音声だけでなく身体動作（キネシクス）でもこれは言えます。無駄な手の癖だったり、唇のかみしめなどの顔の癖などは直しましょう。首をやたらにふるのもダメ。貧乏ゆすりを足でしている人の上半身も不安定に動くことがあります。私のパフォーマンス学セミナーに参加される受講生や選挙に出る議員志望の方々には、これらを細かくチェックして片っ端から直していただいています。

オンラインの場合は全身が見えないため、見ている人は決まったフレームの中の話し手の姿だけに注目します。その小さな限定されたフレームの中で髪の毛を不必要にさわったり、アゴにさわったりするのは見ている人にとって気を散らすノイズになります。練習については第5章に譲りましょう。

「ASノイズになる言葉癖」

言語的言葉癖

- あの～
- えーと
- ～とか
- 一応
- ひとまず

非言語的言葉癖（キネシクス）

- 指の組み換え
- 腕組み
- 髪をさわる
- 舌なめずり
- 額やアゴをさわる

8 仕事を取るには序論、本論、結論のパターンを使おう

面白いホラー小説や推理小説は、「起承転結」という4ステップで進むのが典型です。誰かと誰かが仲良く暮らしていました。ところが、そこに何か別の悪者が出てきて戦うことになり、負けそうだったのに、突然助け手が登場して結論としてハッピーな生活が戻りました。というのが起承転結です。相手が聞き耳を立てて面白がって聞くための物語には、この起承転結が大切です。そのため、子供の作文でも大人の物語でも、よくこれを教えられます。

しかし、対面でわかりやすく仕事を取るには、「序・本・結」のほうが手っ取り早いのです。例えばOA機器の導入の営業ならば、まずご挨拶があり、本論として現状の問題点を指摘して討議し、「このOA30台ならば全部を40％引きにします」と提案、結論として「では、何台のPCを何月何日にいくらで納めますね」となればいいわけ

です。

この仕組みが驚いたことに、古代ギリシャ時代にすでにありました。アリストテレスの『詩学（ポエティケス）』（紀元前4世紀）です。序・本・結、これに対してアリストテレスはわかりやすく、劇の感動を呼ぶ形式を始めあり、中あり、終わりあり、としておおづめのまとめを「大団円」（デヌマン）と呼びました（P113）。挨拶して問題やニーズを指摘して、最後はキュッとその結論をまとめましょう。

オンライン時代、あるいは対面でも忙しい時代には、起承転結よりも序・本・結がお勧めです。ロジカルプレゼンとともに、このやり方は明快です。

読者の皆様は、相手の多忙さや好みで両方を使いわけたらいかがでしょうか。


「御社の人材教育は素晴らしいですね。そこで次はもっと効果の永続性を求めるとのこと。この課題の解決のためにパフォーマンス心理学の新しい考え方と技法をまなびませんか。ほぼ永続する効果を保証します」（序論・今までの研修効果と次の課題あり。本論・パフォーマンス心理学をやってみましょう。結論・効果が長続きします）。

「御社ではある研修を長年されてきました。しかしそこには効果の永続性で問題が起きた。だが、それは新しいやり方を採用すれば解決できます。だからパフォーマンス心理学研修をやりましょう」（起・ある研修をしてきた。承・しかし問題が起きた。転・新しいやり方なら解決できる。結・パフォーマンス心理学をやれば解決する）。

成り立ちから見ても、「序、本、結」は観客が見てわかりやすいギリシアの演劇の技法から誕生しました。一方「起承転結」は読み手にしっかり考える時間のある小説や物語の技法です。視覚と聴覚しか使えないオンラインの世界では、簡単にこしたことはないのです。

「AS大団円の法則」

大団円 → 小説や演劇の最後の場面、めでたく終わること

紛糾と大団円

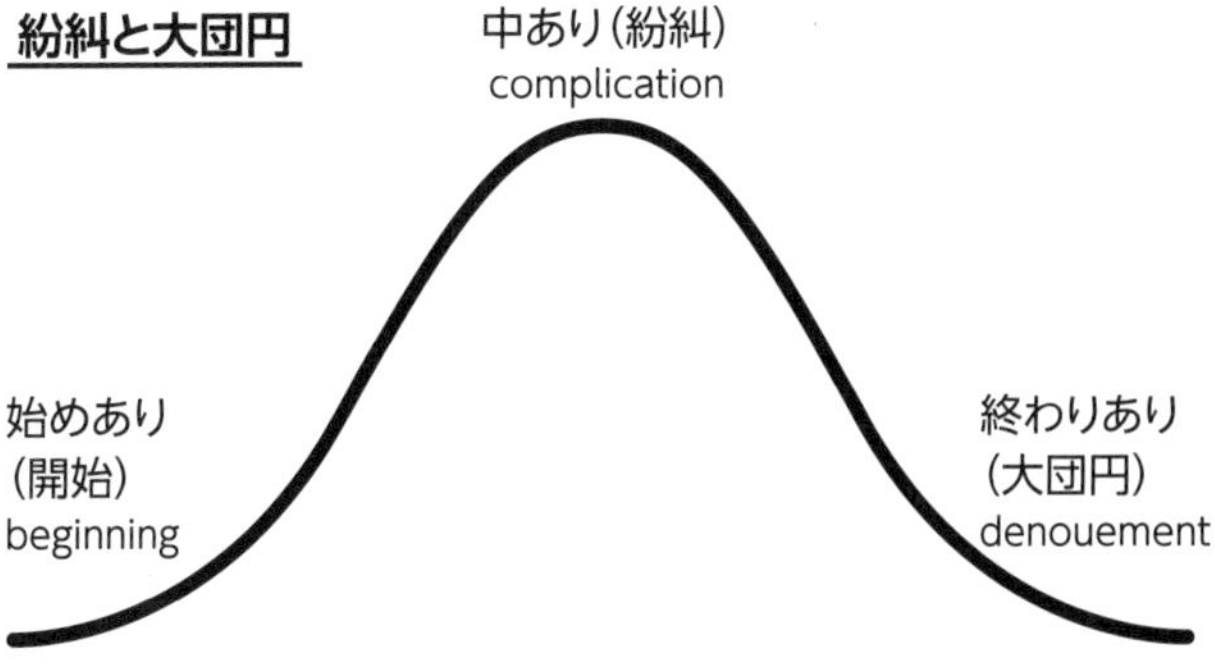

アリストテレス『詩学』紀元前325年前後の講義録

9

「私は」よりも「私たちは」を使って、相手を画面に引き付ける

立派な政治家や大金持ち、大企業の経営者が、「私は○○する」というように主語を「私」で話す例がよくあります。日本の政治家もこれが好きです。

一方、欧米の政治家は、「I」を使う代わりに「we」を使うのが得意です。例えばオバマ大統領の２００９年1月20日の就任演説では、「we」62回、「our」68回、「us」23回、「ourselves」3回。それとたった3か月しか違わない前年9月の麻生太郎氏の総理大臣所信表明演説では、「私」が26回、「私たち」は0回です（P１１８）。

「私はこうする。だから、おまえはこうしろ」というのと「私たちは」では、「私たち」のほうが聞き手が巻き込まれるに決まっています。これを「巻き込み話法」と私が名前をつけました。どんどん使ってください。「私たちは」「われわれは」と言えばいいのです。

ここで上手なのがドイツのメルケル首相です。彼女の支持率が２０１９年12月の31％から、２０２０年４月の63％へと上昇したことはすでに有名なところです。このメルケルさんが３月18日に市民に行ったテレビでのスピーチ、言ってみればオンラインスピーチが素晴らしかったのです。これが「私たち」をしっかり使っています。

「噂を信じないでください。様々な言語に翻訳してきた公式のメッセージだけを信じてください。**私たち**は民主主義国家です。**私たち**は強制からではなく、知識の共有と参加によって生きています。これは歴史的な課題であり、結束することでのみ達成することができます。**私たち**はこの危機を乗り越えると確信しています。しかし、犠牲者はどのくらい増えるでしょうか。**私たち**は何人の愛する人を失うでしょうか。**私たち**自身の行動にかかっています。**私たち**は今、断固として団結して行動するべきです。制約を受け入れ、互いに助け合うのです」

翻訳はちょっとぎこちないのですが、「私たち」の太字に注目していただければ、どれだけ彼女が「私たち」を多用しているかがわかります。たった7行の中で6回です。これを「私は」と言ったのでは台無しなのです。この巻き込み話法の「we」をメルケルさんは実に上手に使っています。

ドイツの歴史を考えれば、「私は」と言って自分の主張を強引に押しつけたヒトラーを多くの人が記憶しています。彼の言うことを信じてついていったために、ドイツは第二次世界大戦へと進んでいったのです。メルケルさんの「私たち」という言い方を信じよう。メルケルさんは物理学者で論理的に考える人だから、間違ったドグマティックなことは言っていない、とドイツ国民は思って、彼女についていったわけです。

オンラインでもオフラインでも、これを機会に「私」を「私たち」に変えてみませんか。

会社の会議などで「私はいつもこんな苦労をしているんだ」と言いたがる上司がよくいます。それを聞いた若い社員は最初の一言で、「また自分の話か」としらけます。

そこで、実際には自分のほうがたくさん苦労をしていると内心思っていても、試しに「私たちは本当に今苦労しているね」と言ってみてください。「えっ」と聞き手の目が大きくなります。

実は講演では私は極力「私は」を避けます。いい具合に日本語は主語なしで通るので都合がいい。「皆様と同じく、ずいぶん苦労しました」。もちろん内心の主語は「私」です。でも「皆様と同じく」と一言添えたことで「苦労した」の主語は「私たち」になったのです。みんな他人事でなくて自分事が好き。聞き手は、自分事だと思えば多少聞こえにくいオンラインでも努力して聞くようにしてくれます。

「巻き込み話法の主語〔we〕の活用について」

オバマ就任演説（2009年1月20日）		VS	麻生太郎所信表明演説（2008年9月）	
We	62回		私	26回
Our	68回		私たち	0回
Us	23回			
Ourselves	3回			

（★禁無断転載 佐藤綾子ゼミ オバマ研究班調査 2009）

私たち ＞ 私

「私は」より「私たちは」のほうが注目されやすい!

10

相手の集中力を引き延ばすため、名前で呼びかける

Zoomでビックリすることがあります。最初、顔がぎっしりと並んでいたのに、ときどき顔が消えたり、途中でフェイドアウトする人がいることです。大学の講義などではこれが実際に起きます。「わからないから消えちゃった」ということでしょう。最初に名簿を作って名前で点呼しておくことはもちろん大事です。しかし、そういう制度上の問題ではなく、私がお勧めしているのは、途中で何度でも名前で呼びかけることです。パフォーマンス心理学では「親和表現」と呼びます。

相手に親密さを表す表現は、(1)話題の親密性の増加、(2)スマイルの増加、(3)距離の接近、(4)アイコンタクトの増加、です(P121)。

この中の後半3つは前のパートで話した通りですが、一つ目の話題の親密性は、何といっても相手の属性をきちんとつかんで、それを言葉に出すことです。手っ取り早

いのが名前です。「山田さん、ここわかりましたか」「鈴木さん、質問があるのではありませんか」「田中さん、違う言い方だと何といいますか」というように、Ｚｏｏｍ会議などでも相手の名前をどんどん連発しましょう。トイレに行こうかと思っていた人がもう一度戻ってきます。

対面であれば、初対面の場合、手元に名刺があったりして役に立つのですが、Ｚｏｏｍ中は名簿を横に置いて、片っ端から振り仮名をつけて呼びかけることをお勧めします。名前で呼ばれると、「自分を認められたんだ」「覚えてもらえたんだ」という承認欲求も満たされます。

「AS名前で巻き込む親和表現のパフォーマンス」

	親和欲求	回避欲求
スマイル	**増**	**減**
アイコンタクト	**増**	**減**
相手との対人距離	**近**	**離**
親しみのある話題	**増**	**減**
相手の名前を呼ぶ	**増**	**減**

「AS親和表現の4尺度」

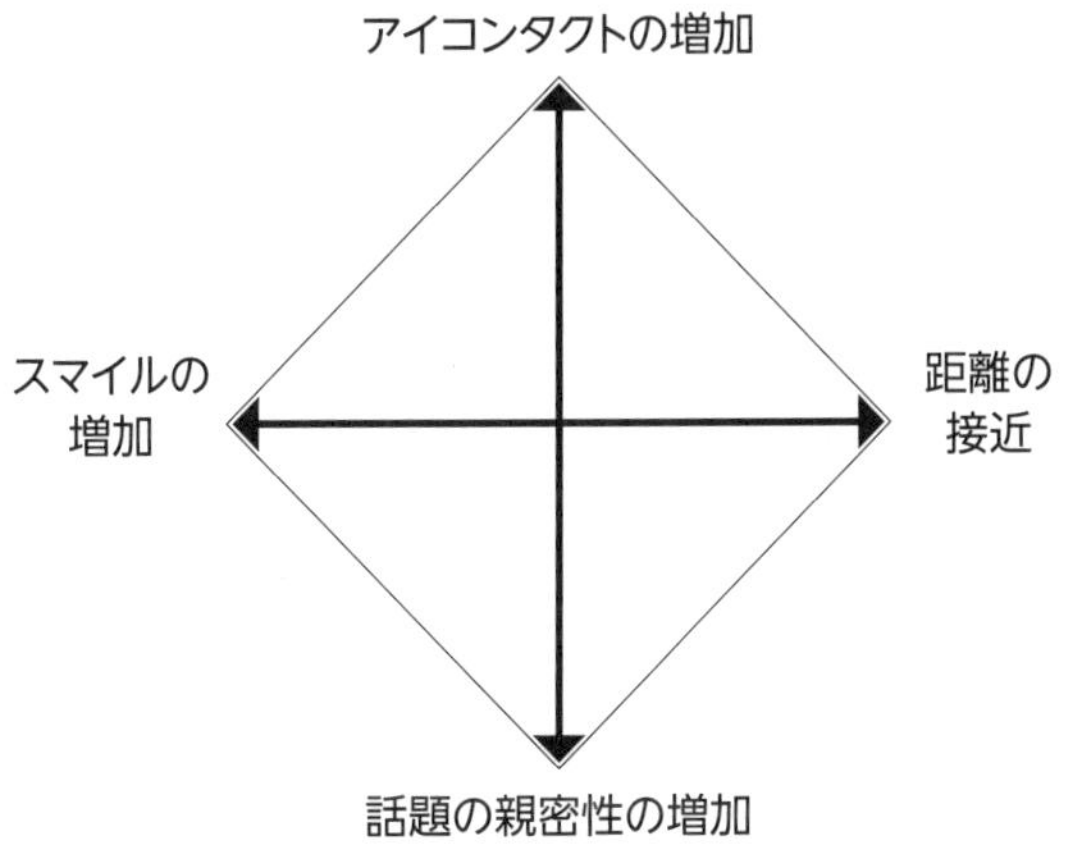

11 わかりにくい英語や外国語や専門用語を使いっぱなしにしない

パワポでわかりにくい英語や外国語を多用する人がいます。本人はたぶんかっこいいと思っているのでしょう。ところが、わからない言葉が途中で出ると、そこで聞き手は集中力が途切れます。そして、あれはどんな意味だっけ？　と手元のグーグルやヤフーで調べたりして一瞬の思考停止に陥ります。

先に私が使った対面（F2F）もそうですが、今後これはオンラインの業界では流行っていく言葉でしょう。1on1も然り、サムネも然り。専門語、外国語が出てきたとき、相手と自分の言語レベルが揃っているかもう一度チェックして、わからない人がいるかもしれないという前提で、パワポにはその言葉の初出場面で意味と、外国語はスペルもきちんと書いておくことをお勧めします。

例えば、私はよく「輪切りの印象」という自作の言葉をパフォーマンス心理学のキーワードの一つとして使います。私たちの一瞬一瞬の印象は、1秒あるいは0・01秒というような瞬時に相手の目に刻み込まれた、まるで科学実験の超薄切りのプレパラート（切片）のようなものだという意味です。その印象は次の瞬間にはもう別の印象に変わってしまう。でも、そのときに見えた一瞬の印象は確かに「その人の姿」なのです。

人間の瞬時の判断について書いたアメリカの心理学者ティモシー・ウィルソンの本の中で「thin sliced impression」という言葉とその意味を知り、それに私が「輪切りの印象」という造語を作りました。

そこで「輪切りの印象」と書くときは英語で「thin sliced impression」と書き、人間がCTスキャンのトンネルの中を通っていくイラストを添えるようにしています。自分なりのどんな絵でもいいでしょう。相手の情報処理能力に揃えて、わかりにくそうなものは全部原語のスペリングやイラストをつけましょう。

オンラインではとくに、質問がしにくい。わからない相手に得意がって専門用語や業界用語を使うことは、この際きっぱりやめましょう。

「オンラインでもよく使われるわかりにくい言葉」

DX
digital transformation

意味　AI、高速通信、IT 等の総合変化

エゴサーチ
ego search

意味　自分に関する評価の探求

リテラシー
literacy

意味　読み書き能力。
現代では「情報を適切に理解・解釈・
分析し、活用する能力」という意味

12

わかっていない質問には答えてはいけない

オンラインの中で相手から質問が出ることがあります。時にその発言者が滑舌が悪く、何を言っているのかさっぱりわからない。そこで、大体こういうことを聞いているのであろうと類推して答えてしまうと、音波影響の違いで質問者の言葉がよくわかっていた参加者から、「あれ？　このスピーカーは質問にちゃんと答えていない」というふうに気づかれてしまいます。

対面だとここはけっこう簡単で、ホワイトボードにパッと書いて、「あなたの質問はこういうことですね？」と確認したりもできます。オンラインだと撮影場所の設定や時間的制約で後ろが向けないから、この手が使えません。お手上げです。

そのときには類推して答えることは控えましょう。あとで議事録を取って嚙み合っていないと、ひどい目に遭うのはスピーカーのほうです。「その質問はどういうことですか」と聞き返しましょう。もう一つ大事なこととして、途中で相手の話が長くなる予感がしたら、「質問を一言で要約してください」と言いましょう。要約された質問はよく聞こえてきます。

わかるまで答えるな。これはオンラインの原則です。

傾聴
active listening

聴いて訊く

↓

その目的は「物語」を求めること

『AS傾聴の3原則』

1. 相手に感情移入して聴く
2. 感情コントロールして聴く
3. 聴いて訊く（よく聴いて質問する）

13

オンでもオフでも肩書を明示せよ

対面であれば、立派な身なりをして、高そうな高級ビジネスバッグを持ち、部下の3人も連れて現れれば、この人はきっと立派な人だとすぐにわかります。そこでその人が何か喋れば、一言一言を聞き漏らすまいとメモを取ったり暗記したり、聞き手は一生懸命になります。

ところが、Ｚｏｏｍ会議やオンライン動画では名刺交換ができません。絶対に相手に触れませんから。当然周りの人をぞろぞろ引き連れて画面に登場することもできない。フレームの中でしか自分の信用を担保できないのです。これは対面とオンラインの大きな違いです。そこで、相手が「この人の言うことは本当だ」と信じるエトス(ethos：信憑性)が問題になってきます。ここでもアリストテレスの言葉に耳を傾けましょう。

アリストテレスは、聞き手が話し手に対して抱くエトスを時系列的に「事前エトス」「由来エトス」「終結エトス」と分類しました。事前エトスは、その人の肩書や紹介者の名前でもともとあったエトス。由来エトスは、話している途中に本当らしいなと思うエトス。終結エトスは、終わってみればあの人の言うことはもっともだと納得して、契約を取り交わしたりするエトスです。

オンラインだとこの事前エトスがなかなかできない。したがって一番簡単なのは、画面のどこかの自分の名前の下に短く肩書をちゃんと書いておくことです。「○○大学教授」も有効でしょうし、「○○博士」「○○会社代表取締役」や「○○研究所主任研究員」などの肩書もいいでしょう。

簡単な自己紹介が画面の中でできる場合は、最も売れている自分の著書名を出すのも結構。「社内のプレゼンコンテスト1位」とか、「プロジェクトマネジメント大会にて本年優勝」などでもいいのです。いずれにしてもできる限り短いことが条件です。とにかく話を開始する前に、本物だと思わせておくことを、画面と耳、視覚と聴覚でまず押さえてからスタートしましょう。

「ASエトスの5要素」

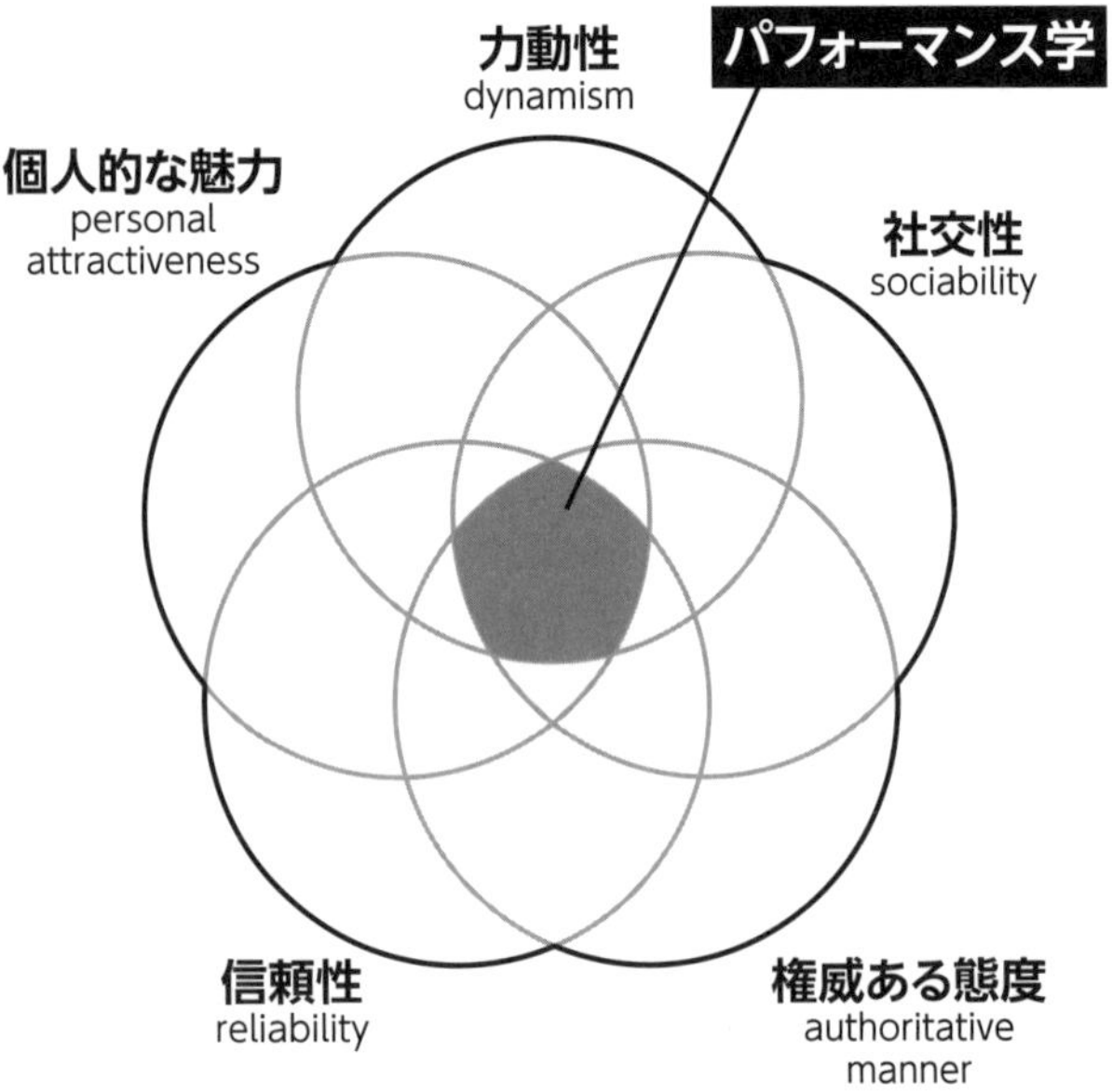
力動性
dynamism
パフォーマンス学
個人的な魅力
personal
attractiveness
社交性
sociability
信頼性
reliability
権威ある態度
authoritative
manner

14 相手が聞きたいことを話せ

アメリカ人は車が大好きです。しかし、車に対する興味は日本人と少々違うようです。燃費がよいだけではなく、デザイン重視、レアであるなどさまざまな条件を持っています。

でも日本は、燃費がよい、ガレージに入れたときに小さくおさまる、節税効果がある、ちゃんと走る、などを車を選ぶときの条件にする人がたくさんいます。

そうなると、デザインがよいことを望む人のところに行って、「安いです。燃費がいいです」と言っても売れないでしょう。燃費がよくて安いことを求める人のところに行って、「ガソリンは食いますが、街で目立つぐらいのデザインですよ」と言ったら、まずは買いません。

結局、相手が聞きたいことを話さないと、聞き耳を立ててもらえないのです。オンラインやＺｏｏｍでは、よりいっそうここが必要です。聞き手がどんな職業でどんな関心傾向を持っているのかを前もって主催者に聞いておきましょう。自分が主催者である場合は、名簿にそれらをすぐ見えるように記入してリスナーズマップを作って話をすると、相手の関心と集中力を押さえることができます。

ある意味、オンライン社会は日本人の物の考え方を二分したのです。誰にでも平等に話せばよい、見せればよいと思っていたところから、どの階層に何を見せ、どの階層に何を聞かせるかを鮮明に分けないと話が通じなくなったのです。

「相手の価値観はどこにあるのか?」

第4章

オンライン上で下品に映らないためのマナー

「パフォーマンスが成功を促す。
パフォーマンスが測定できない時は
ネットワークが成功を促す」

米・ノースイースタン大学ネットワーク科学部門教授
アルバート=ラズロ・バラバシ

「本章で筆者からひとこと」

オンラインの会議は拡大鏡と思ってください。自分の持っている品性があらわになります。

普段、品がいい人は、より上品に。品が悪い人はより下品に映ってしまうのです。何気なくやっていた癖、しきりに頭を搔いたり、爪をほじくったりすることが、相手からバッチリ見えてしまいます。

普段の会議ではそんなに気にならなかったのに、オンラインの会議になった途端、急に印象が悪くなった、なんて人を私は何人も見てきました。

会議でやりがちだけど、印象の悪い行動を見直して、オンラインだから損をする、ということがないようにしましょう。

1 アウトプット以前にインプット力を鍛えよう

政治家の党首討論会や会社の対面の会議でも、長々と大した意味のない発言をして顰蹙《ひんしゅく》を買う人がいます。それがオンラインだとさらに顕著になるから困るのです。アウトプットする以前に、インプットされた情報が頭の中で交通整理されているかいないかが、オンラインでは明白に勝敗を分けます。

頭の中の情報がうろ覚えで聞いたことではなくて、確かな出典に基づいて明快に組み立てられていて、頭のストレージに保存されている人は、いざオンラインになるとアウトプットが上手です（Ｐ１４０）。

日頃頭の整理が下手な人が、オンラインで会議やセミナーの参加者として発言すると、ファシリテーターも主催スピーカーも本当に迷惑します。周りが辟易していても、ファシリテーターやスピーカーは聞き手全員の表情が見えにくい上に、その的外れ発言者に対してだけブーイングの表情を送ったりすることもできない。主催者はがまん、参加者は本当にうんざりしたら画面から途中退出するしか手がない。それでは会議全体に参加する権利がある聞き手は損をします。

私自身Zoomセミナーを主催して、ただ単に口から浮かんだだけの質問をする一人の参加者に本当に手を焼いた経験が3回あります。

対面でも同じように、理解度が低い上に「長々と質問する参加者」はいます。でも対面だとあらかじめその人が手を挙げないように「本日は皆様が共有できる質問のみ一言でお願いします」と予防線を張ったり、いざ手を挙げてしまったら「そうですか、なるほどね」と派手にうなずきながら手早く引き取って「ご質問の主旨は以下3点ですね」などとまとめてしまうこともできます。

「主訴の整理」と私が内心名付けている技法で、相手の「発表したい」という願望を満たすことが一番の対処法だからです。

でも、オンラインだと参加者各人がそれぞれのフレームの中に顔だけで並んでしまうので、特定のその人だけをねらって「やめてほしい」という信号を目で送ることもできず、何度もうなずいて主訴の整理をして他の参加者の注意力を散らすこともできません。

結局、対面でもオンラインでも手短にズバリと説明や質問ができるようにお互いに日頃から頭の中を整えておく必要がありそうです。

「AS言語コミュニケーションと記憶」

インプットとアウトプットの仕組み

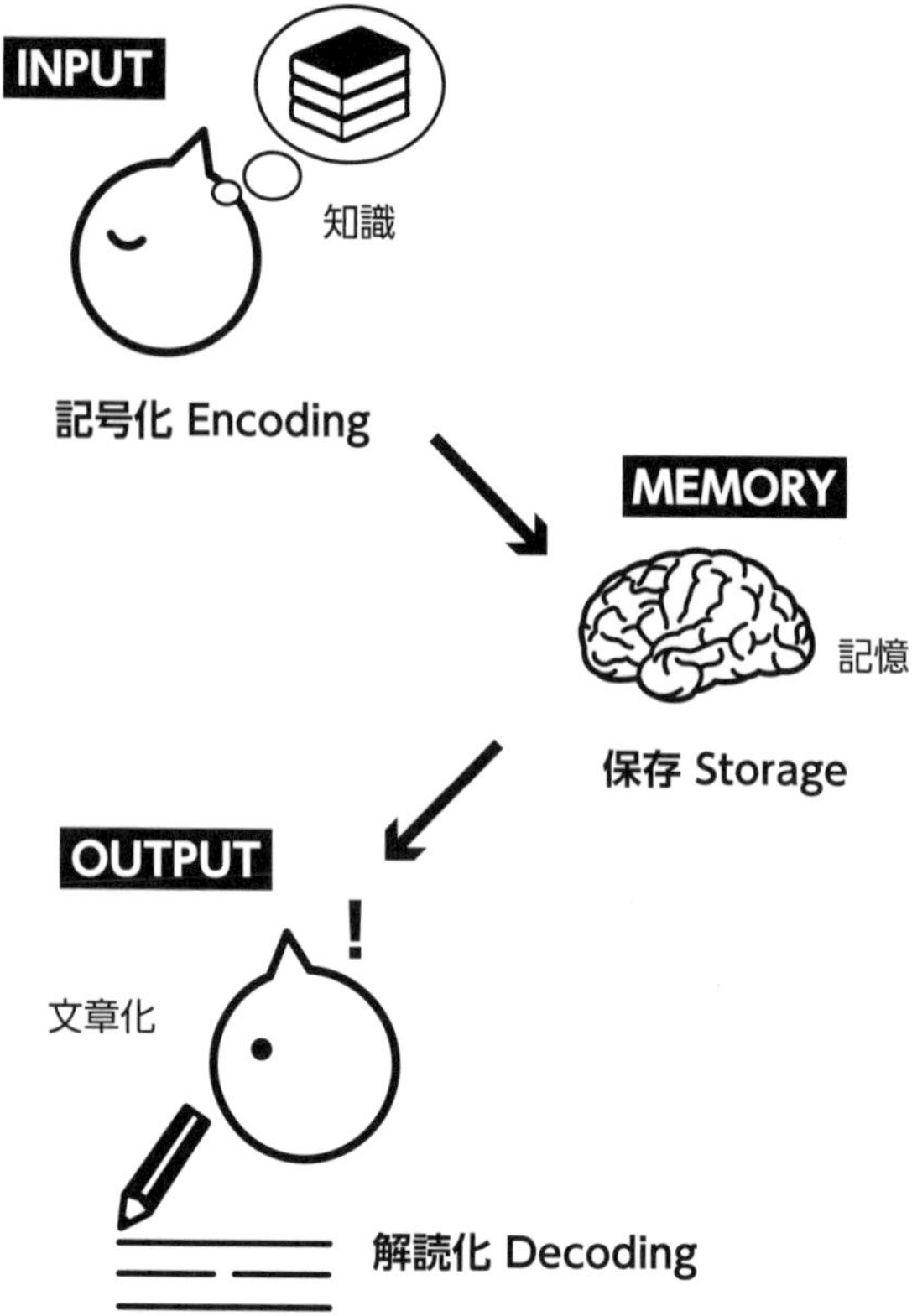

2

入念な準備のない人がオンラインでいっそう嫌われる理由

あなたは何分で何文字を話していますか。対面の結婚式のスピーチからオンライン会議やオンライン学会発表まで、常に「話す時間を何分間使えるのか」は多くの人に共通の関心事です。

そのため私のセミナーでは常に、「1分間で話せる文字数を測定してからスピーチしてください」という課題があります。そのスピーチを他者が採点して、本人に返します。初心者には通称「恐怖の1分間スピーチ」と呼ばれています。時間内に聞きやすいスピードで、予定の言葉全部を言うのが意外に難しいのです。この10年間ほどは「30秒スピーチ」も定番です。

このときに目安にしているのが、私がすでに1000人のスピーチ実験で取った「聞きやすい速度」と認定された、1分間あたり266文字（オンラインだと約20

0文字）という数字です。

自分が日頃、何文字を何分間で話すのかを把握していない人がＺｏｏｍや動画の中で喋り始めると、さらに大変なことになります。Ｚｏｏｍ会議であれば、まず周りがイライラします。動画配信であれば、あとで編集者がカットしまくることになり、苦労します。どこを切るかについて発表者と相談が必要になったりして、これまたひと苦労です。

私の場合は、1分間は平仮名と漢字が程よく交じって266文字ですが、皆様いかがでしょうか。そして、オフラインの場合よりもオンラインの場合は、言葉の明瞭さが落ちるため、文字数を少し減らしておくことをお勧めします。早口は伝わりにくいからです。マイクを通した声になるので聞きづらいということもあります。

「ASパフォーマンスの構成要素」

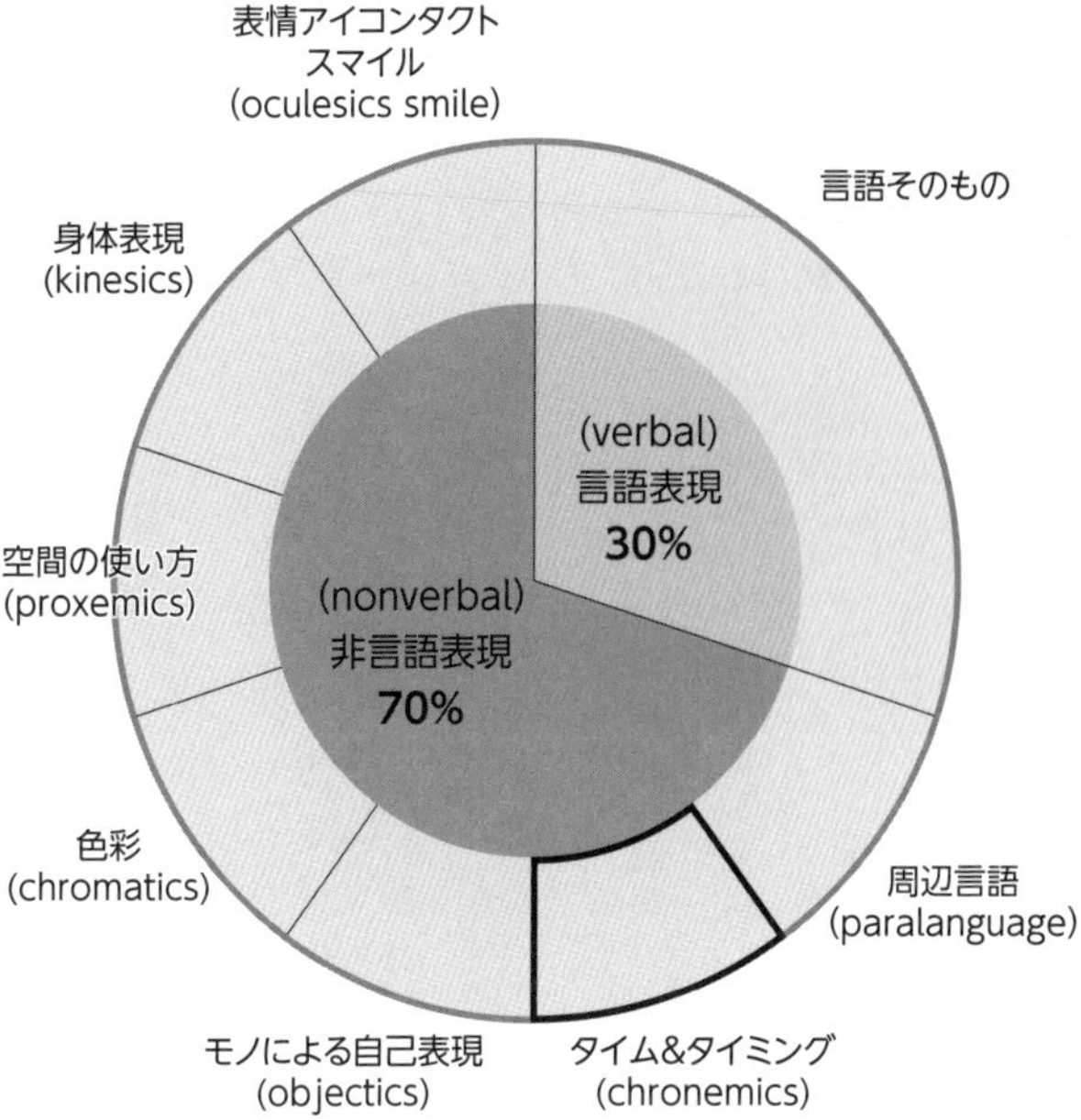

3

もっと言いたい気持ちをちょっと抑えよう

対面でもオンラインでも「なんと素晴らしいのだろう」と思うモデルが、あのジャパネットたかたの創業者、株式会社Ａ ａｎｄ Ｌｉｖｅの髙田明社長です。

先日、長崎放送で放映された京都大学・山中伸弥教授との対談を食い入るように見て、最もビックリしたのがこのことでした。

日頃は発信側として商品説明や講演をしていた髙田社長が、山中先生が話しやすいように「これについてはどうお考えですか？」と的確に質問して、その後静かに耳を傾けています。しかも大量の資料を読み込んでいるので、相手に振っていく質問自体が的を外さないのです。

髙田社長は山中教授の専門分野には一切口を出さず、山中教授が話しやすいように持っていく。つまり発表者としての自分と聞き手としての自分のあいだで鮮明に線が引かれているわけです。

それはなぜか？　仕事として自己表現しているときはそれをミッションとしてやっているので、御自身の性格の中の「自己顕示欲求」で話しているのとは、まったく違うからです。

ところが、各政党から一人、各業界から一人というような調子でテレビのオンライン会談になると、とんでもないことが起きます。

「次が自分の出番だろう」と虎視眈々と用意してあった原稿の内容を話し出す人がいます。

しかも「たくさん喋らなければ損をする」と思っているのか、全体のタイムを無視します。一人で話しているときは全体のタイムを考えられるのに、テレビ番組などでは全体の尺を無視し、時間超過します。見苦しいことです。「自己顕示欲求」をちょっと抑えるべきでしょう。

「自己顕示欲求」自体は、それが「自己表現欲求」につながり、「自己表現欲求」が「自己実現欲求」につながることもあり、悪いものではありません。

でもちょっとだけ言いたい気持ちを抑えて、「もっと言いたいことがありますが、今日はこのへんでまとめます」とつないだほうがかっこいいのです。

オンラインでは、ただでさえみんな飽きやすい状態にありますから、手短に切りあげて「人に譲るかっこよさ」を演出してください。

『AS自己呈示の3タイプ』

①自己高揚的自己呈示

解説
- 自分の価値を高く言いすぎる
- 威張りすぎ
- 井の中の蛙

②等身大の自己呈示

解説
- ありのままの「個人の善性」を表現=パフォーマンス

③自己卑下的自己呈示

解説
- 自分の価値を低く言いすぎる
- 「弱輩者ですが」
- 「浅学非才の身ですが」
- 「どうせ私なんて」

4

名刺交換ができないのだから、みんなによく顔を見せよう

長いあいだ、日本人の「シャイネス（恥ずかしがりや・照れや）」は国際社会の賞賛の的でした。図々しく自分の言いたいことを言いまくる主張力の強さに甚だ食傷気味だった欧米の人々が、アンチパフォーマンスな日本人の挨拶のし方や発言のし方を聞いて、「なかなか控えめでよろしい」と思ったわけです。ところがここ10年間ほど日本人のシャイネスは、ビジネスの場では「克服すべき課題」として扱われています。

これをパフォーマンス心理学では、自己呈示（「目的に沿って見せたい自分を設定して意図的に組み立てた自己表現」を意味する社会心理学から来た用語）の3パターンから説明することができます。

自分の価値を実際より大きく見せたい自己高揚的自己呈示と、その反対により低く見せたい自己卑下的自己呈示、そして等身大の自分を的確に見せたい等身大の自己呈

示です（P147）。

シャイネスはつつしみぶかくていいのですが、自己卑下的自己呈示までいくといきすぎで、オンラインでこれをやられると会議は難航します。

対面であれば、名刺交換をして、相手の名前や職業がわかります。したがって謙遜していても高く評価されている高いポストの人だとわかります。ところが、オンライン上では名刺交換ができない。そうなると、セミナーなどの見知らぬ人々の集合だと、できる範囲で申し込み時点で職業を書いてもらって前もって名簿を作り、そこに氏名や属性を書き込んでおくと助けになります。さらに、私などは、とくに非言語表現の専門家ですから顔が見たい。ところが、顔を見せない人がいるのが困るのです。

たまたまそのとき忙しく、ちゃんとした化粧や髪型をしていなくて、少々恥ずかしいという場合があるのはわかりますが、私は先日、自分の大学での初めてのZoom授業で「恥ずかしいから顔を見せたくない」という大学生がいて、閉口しました。私の場合は相手の顔を見ることも大事な情報元なのです（画面の中の名前だけを見ながら、内心の腹立ちをおさめつつ話をしなくてはなりませんでした）。

さらにシャイな人への助けになるのが、まさに「パフォーマンス心理学」の、「ペルソナ」の考え方です。ペルソナは、古代ギリシャの時代から使われていた「仮面」という意味で、それがのちに英語の「パーソン（人）」になりました。人間はその場の役割をちゃんと演じるために自分のシャイネスを隠して、その場のために選んだペルソナをつけるのが特徴であり、特権でもあるのです。

ペルソナ論を頼りに「今の私はこの顔とこの声でいこう」と割り切って演じてみませんか。

シャイな性格は今のうちに克服しておくほうが、グローバル化社会で必要な主張力をオンラインでも対面でも発揮するためのトレーニングになります。

『仮面①（ニーチェ）』

「深いものはすべて仮面を愛する。何よりも最も深い事物は、象徴や譬喩に対して憎悪さえもつ。反対ということこそ、神の羞恥が着てしずしずと歩くぴったりした仮装ではあるまいか。」

（ニーチェ『善悪の彼岸』1886年　木場深定訳：岩波文庫、1970年）

『仮面②（オペラ座の怪人）』

（自分の醜さと悲しみを隠すペルソナ）

5 時間切れにならないために慣れていても全体時間を計測しておこう

実際に人と会っていて、ダラダラと長く話をし、早く終わってちょうだいよと思った経験は誰にでもあるでしょう。

これがＺｏｏｍや動画の中で起きると大変なことになります。はじめの挨拶に始まり、さて本論をと思ったときに時間切れになっている。そうすると、一番言いたいことを言わずに自分の出番が終わることになります。初心者ほど、この間違いを犯します。

この失敗をしないためには、まずパワポなどの途中のビジュアル資料は何枚を話のどこで使うのか、そのパワポは見やすいか、そのパワポと自分の説明の言葉と動作はどう組み合わせるのか、それらをあらかじめよく考えて「台本（スクリプト）」を作って、そこに落とし込み、「こちらのパワポ資料をよく見てください」などというセリフも必要に応じて入れながら、鏡の前でリハーサルしましょう。

私は、オンライン会議やZoom講演会、セミナー、ワークショップでは常に台本を作ります。台本には開始時刻から司会者の言葉の時間、自分の出番と待ち時間を一分刻みで書き込みます。それを見てリハーサルしてから本番に臨めば、時間切れは必ず防げます。

鏡の前では何度も練習してください。何文字をどの顔で、どの動作で喋るのか。これはオンでもオフでも同じことです。とくにオンラインは厳しいのでご用心を。

「AS VSSのリハーサル」

Vision

➔ ビジョンの言語化

Story

➔ 比喩やたとえ話など、物語の準備

Show

➔ パワポと身体表現を合体させる

6

参加者に関する個人情報をできるだけ集めて当日用メモや名簿を作る

さまざまな対面の会議では、私は参加者一同を前もって調べます。そうすれば、自分の発言のレベル合わせが前もってできるからです。

これが有料のZoomセミナーやオンライン会議であれば、なおさらです。専門性のない内容なら「わざわざお金を払って、あなたのような一般論を聞きたくないよ」と誰もが思うでしょう。

皆さんが求めている貴重な情報を、自分の専門分野から話す。そうすればまずはオンラインでもオフラインでも集中して聞いてもらえるでしょう。そのためには前もって個人情報が必要です。簡単に言えば、相手は自分が聞きたいことが話された場合にだけ、オフラインだろうがオンラインだろうが聞き耳を立てるからです。

実際の会場であれば、全体を隈なく見回して聴衆の乗り具合や集中力を肌で感じることができますが、オンラインになると全体を見回せない。小さな小窓で3番目に映っている人がどんな気持ちで、4番目の人はどうだとずっとフォローしていなければならないので、スピーカーはえらく消耗します。

そこで助かるのが前もって集めた個人情報です。どこから来ている人なのか、どんな知識があるのか。なるべく大きな文字で名簿を作り、当日、カメラに映らない位置に置いて、名簿の情報と首っ引きで指名をしていくと、全員が面白がって参加することができます（P157）。

私もいくつかの会社の顧問をしていますが、会社の会議では実はもう少し簡単です。部署や勤続年数、趣味などが前もってわかっているので、相手のことを調べて記入リストを作るという一式の手間が省けるからです。

「オンラインセミナー受付名簿(例)」

No.	氏名	出欠	入金	備考
1	**田中　一郎**	◎	◎	自営業SE 資格試験受験予定 杉並区在住 30代
2	**佐藤　太郎**	◎	◎	過去のセミナーに参加 広告代理店　営業職 立川市在住 30代
3	**鈴木　花子**	◎	◎	講演会で知り合った 歯科医師 練馬区在住 40代
4	**伊藤　良子**	◎	◎	鈴木花子様の友人 IT系会社の事務職 練馬区在住 40代
5	**阿部　明子**	◎	◎	ベンチャー企業 経営者 港区在住 30代
6	**山田　雄太**	×	×	東京都千代田区 イメージコンサルタント パフォーマンス学の本の読者 50代
7				

7

発信場所の邪魔になる要素を取り除いておく

スピーチの目的を妨げるものをすべてひっくるめて、騒音（ノイズ）と呼びます。例えば、真剣な企画会議をしている最中に、外で大きなトラックがゴーといって通っていけば、その瞬間に思考パターンも聞いている言葉も途切れてしまうでしょう。これが文字通り、耳から聞こえるノイズです。ところが、ノイズは視覚からも入るのです。

先日、この悪しき例が発生しました。私が話しているあいだに、聞いている参加者の一人の顔に、白い毛がモワッと半分かかったのです。おそらくその家で飼っている犬の毛で、飼い主が発言した途端に、犬がうれしくて飛びついたのでしょう。ところが、見ているほうは、はて何か、と一瞬大いに気が散りました。

オンラインであっても相手のノイズになる物事は避けておくべきです。高額な住宅に関する話をしている不動産のプレゼンの後ろに、安っぽいゴミ箱や安っぽいクッションが映っていれば、これもまたノイズです。ノイズを全部避けてからの発表をお勧めします。逆に、「私を助けてください。今、本当にお金がなくて、お金を集めたいのです」というメッセージを発信するときに、その人がゴージャスなシャネルの時計をして、アルマーニのネクタイをしていたら、当然寄付は集まらないでしょう。

つい先日Ｚｏｏｍに参加したいけれど、２ＬＤＫマンションでリビングには妻がいて家事をしていて犬もいて、一つの部屋には現在自宅待機中の子供二人がいて、あとは寝室だ、さてどうしようかとメールをくれた友人がいます。結局彼が選んだのは玄関でした。１時間だから配達の人も来ないだろうと言っていましたが、たぶんハラハラして気が散ったことでしょう。

これだけオンラインが広がってくると、寝室を片付けて手軽なパーティションぐらい用意しても必要経費のうちでしょう。真剣にノイズを避けようと思えば、あの手この手が浮かぶはずです。目的を妨げるノイズは、オンラインの中ではとくに厳密に計算されるべきです。

日常のさまざまなノイズに
注意しましょう

8

オンライン内でのチェックシート、挙手やメールや対面で感想を取る

多くの大学教授たちが肝を冷やしたことが数年前にありました。それまでは教員が学生を評価していたのに、学生側のマークシートの教師評価表というのができて、しかも当時私が勤めていた日本大学芸術学部では、この項目が30項目以上もあったのです。教師は準備を十分にしていたか、教師はITを使いこなしていたか、教師は身だしなみがよかったか、などいろいろです。しかし、これらのチェックシートがあったことは、教員の授業向上に大いに役立ちました。

同じことがあらゆるビジネス研修やオンラインセミナー、YouTubeなど、すべてのオンラインで起きることです。相手がそれをどう受け止めたか、そのことを画面の中で手を挙げて発信してもらうのもありだし、当日アンケート記入の時間をオンライン内で取って、後日メールでいただくのも有効です。さまざまな画面の中での怪

訝な顔に加えて、後日メールで「わからないことが多かった」などと書かれたら、ただちに次の表現のし方を工夫しましょう。こうやってトライ&エラーを繰り返すうちに、限りなくエラーの少ない、いいプレゼンができていきます。

ちなみに「パフォーマンス心理学」では常に、「教師やリーダーは第三の目を持ちましょう」とお伝えしています。これは能の世阿弥の教えからニューヨーク大学の私の指導教授R・シェクナーが考え出した思想です。役者が自分を「見る目」が能の「我見」、そして相手が自分を見る目が「離見」つまり第二の目、そして相手にどう見られているかを知って自分を人に見せる目が「離見の見」という第三の目です。教師も学生の目をよく知って理想の自分を見せていくことが大切。見る目、見られる目に対して見せる目を世阿弥は「離見の見」と名付け、シェクナーが第三の目と呼んだのです。自分の見せ方を磨く大きなヒントです。

最後に、私がオンラインセミナーに使っている評価表を特別公開します。

どこかに引用する場合は必ず「ASオンラインセミナー　受講生評価表」と明記し、「©佐藤綾子」と書いてください。

AS オンラインセミナー　受講生評価表　© 佐藤綾子

本日はご参加ありがとうございました。下記アンケートにご協力ください。

Ⅰ	参加者氏名					
Ⅱ	差し支えなければ、御社名と役職をご記入ください					
	質問	大変満足	満足	普通	やや不満	不満
Ⅲ	本セミナーの内容はいかがでしたか？					
Ⅳ	Ⅲの回答の理由をお聞かせください（自由記述）	（裏面へ）				
Ⅴ	本セミナーの運営についてお聞きします。下記について評価欄に○をつけてください。					
	項目	大変満足	満足	普通	やや不満	不満
	①音響は聞きやすかったか？					
	②ライトの明るさは適切だったか？					
	③休み時間の長さは適切だったか？					
	④進行に滞りはなかったか？					
	⑤ワークショップはやりやすかったか？					
	⑥司会またはファシリテーターに問題はなかったか？					
	⑦パワポは見やすかったか？					
Ⅵ	講師の見せ方についてお聞きします。下記について評価欄に○をつけてください。					
	項目			◎	△	×
	①フレームの中にきちんと顔が映っていたか？					
	②姿勢は良かったか？					
	③アイコンタクトは適切だったか？					
	④笑顔はよかったか？					
	⑤表情はよく動いていたか？					
	⑥髪型で顔が隠れていなかったか？					
	⑦服装は適切だったか？					
Ⅶ	講師の声についてお聞きします。下記について評価欄に○をつけてください。					
	項目			◎	△	×
	①ボリュームは適切だったか？					
	②声は明瞭だったか？					
	③話すスピードは適切だったか？					
	④声の高低は適切だったか？					
	⑤息もれがノイズになっていなかったか？					
	⑥イントネーションは適切だったか？					
	⑦間の取り方は適切だったか？					

『AS第3の目(離見の見)』

出典:『非言語表現の威力 パフォーマンス学実践講義』佐藤綾子、講談社、2014

9

オンでもオフでも会議にはよいファシリテーターが不可欠

「はじめに」のところで、オンライン会議での皆さんの不満の3本柱として講演や研修などの話し手からの「疲れる」、聞き手からの「飽きる・集中できない」、双方からの「伝わらない」、という意見をご紹介しました。考えてみるとよく伝わらないから、疲れるし、飽きるわけです。

その一番の理由として、発言者が例えば、講演や研修のプロだと声も鍛えられている人が多いのですが、Ｚｏｏｍ会議などでは必ずしも声や短文の組み立て方を鍛えた人とは限らない。いつもの対面で発音が悪くわかりにくい文脈で話す人は、オンラインではさらに不明瞭になります。

対面ではほぼ普通程度に聞こえる人でも、画面越しでスピーカーを通すと聞き取りにくくなります。スマホで発言されると、電波状況もあってさらに聞きにくくなります。

また、会議がだれることもあります。いろいろな理由が重なりますが、一番悪いのはファシリテーターを決めていないか、上手く機能していないからでしょう。「聞こえる声で言ってください」とか「それは論点から外れていますから、主旨に戻ってください」と言ったり、「そのご意見は今日のテーマとは違いますので、ちょっとそこでカットしていただけますか」などと上手に全体の舵取りをするのがファシリテーターです（P167）。

オンラインの場合は、議論全体が時間通りに終わることと、本筋から外れないこと、それをまずはチェックしている人が必要です。慣れてくれば、スピーカーが自分でファシリテートしながら話すこともできますが、慣れていない場合はファシリテーターを別に置いて、「そのご意見は今聞こえませんでしたから、もう一度」などと言ってもらうと助かります。

オンでもオフでも、誰をファシリテーターにするかで会議が成功するか失敗するかがまずは決まります。それはちょうど名ゴルファーには名キャディがついているのに似ています。

「ASオンライン会議、研修会のファシリテーター」

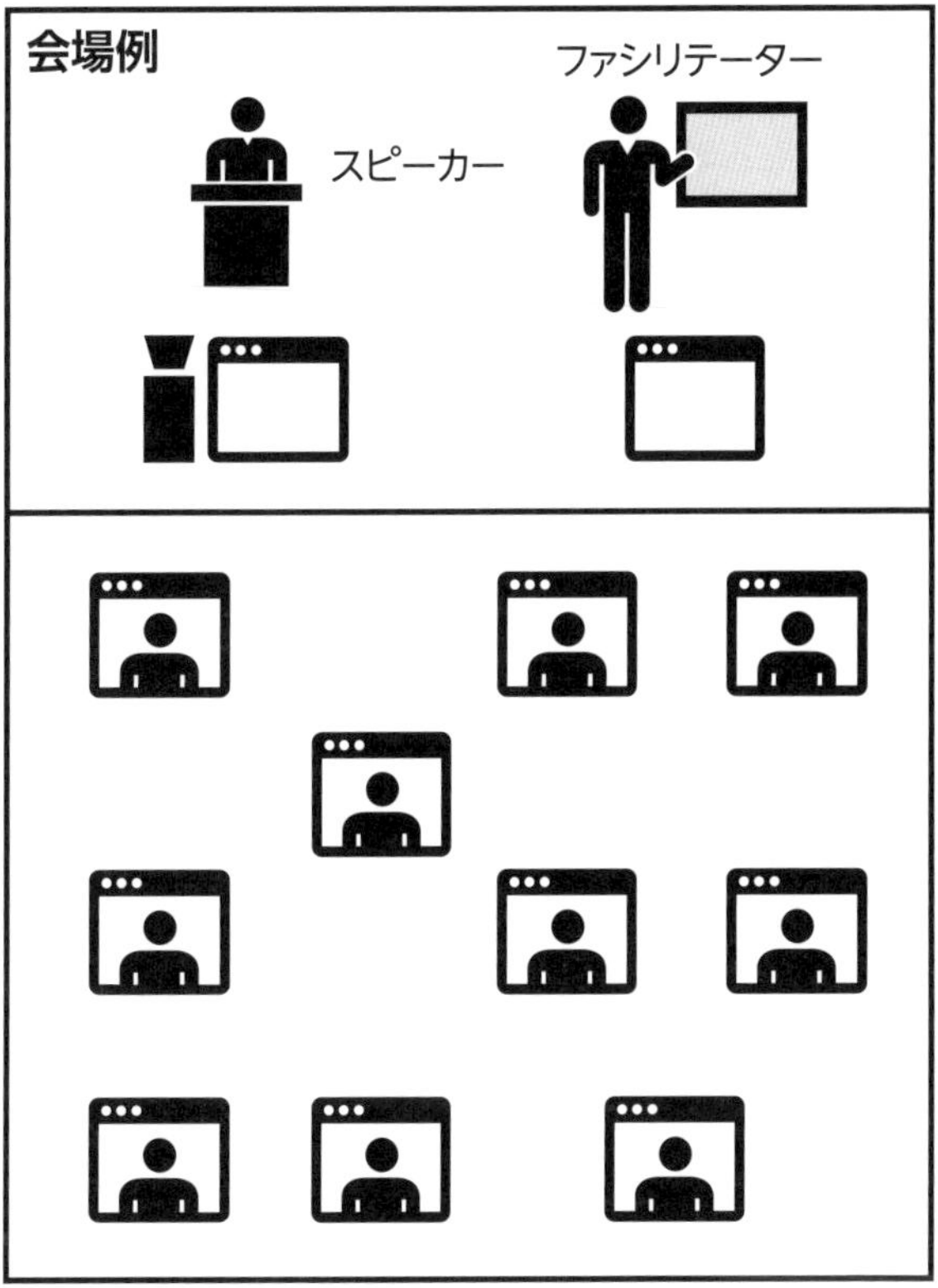

コラム

ケース5 「やっぱりみんな人といたいのだ！」

オンライン飲み会にオンラインランチ。

「一人でいつでも好きなときに食べられて便利」と言っていたのに、時間を合わせてZoomで食べる。おいしく見せるために「湯気も映そう」などと工夫してうどんを温め直してZoomで食べている。「早く一緒に食べたいね」が本心でしょう。

ケース6 「人はみんな見られたい」

オンライン勉強会。

休校でまる一日頑張る受験生。一人では長つづきしないので自撮りで一日中参考書の手元を映して勉強。これを見て見知らぬ仲間から「頑張れ」と書き込みが入る。それが励みになるんだそうです。見られていたいのだ。

ケース7「壁に耳あり、ズームに目あり」

Zoom会議が終わった瞬間、いつも会社では真面目で通っているYさんが「やれやれくたびれたあ、みんな何言ってるかわからないんだから、もう疲れるよ」と背伸び。終了の瞬間にミュート切り替えか退出ボタンを押すべきでした！

第5章

伝える力を鍛える

「練習は完璧を生む
(Practice makes perfect)」

『本章で筆者からひとこと』

オンラインでも対面でも顔つきが悪いことで得をした人はいません。

この「顔つき」(facial expression)が、実は知性や収入よりも人間関係を左右する場合があります。ここまでの章で述べてきたように、初対面やあまりまだ人間関係ができていない間柄においての相手への評価のバロメーターでもあります。

これまでも私のもとには「偉いポジションで定年退職した男性がご近所付き合いで評価が悪い、それはなぜか」など面白いテーマのテレビや新聞の取材が何度か来ました。理由は明白です。ご近所さんが笑顔で挨拶しても、彼らが仏頂面でフムと首をふるだけだったりして、軽い会釈をするというような、表情による「親近感」の表出をしないからです。

「エラソ」と相手は感じて次回から自分のほうからは挨拶をしなくなるでしょう。よいフィードバックがあることが「好意の返報性」となって話し手の励みになるのに、それを省いたがゆえの悪しき結果です。

オンラインだとこれはさらに厳しくなります。対面よりも表情の微細な動きが見えないので、微笑みやかすかなうなずきは見えにくいからです。

Ｚｏｏｍ会議などでは、オンライン以前のＦ２Ｆ時代に自分の話し方にも相手の表情の読み取りにも甘かった人は、ほぼよきオンラインコミュニケーションはできないでしょう。

大多数の日本企業は、２０１４年ぐらいだとまだ全体の11％ほどしかオンライン化していなかったのに、コロナ禍で約６週間で急にオンライン化を余儀なくされたので、設備もですが、個人の表現方法が追い付かない。

本章の、オンラインで自分を見せる自己表現訓練が、今後のオンとオフのハイブリッド時代に、読者の皆様をどれだけ助けることでしょう。

とくに表情筋や発声に大きくかかわる舌筋は、腹筋や背筋と同じく、使わなければ、加齢とともにたるんで下がります。本章のトレーニングを手抜きせずやってくださることを心から願っています。

1

開始前の準備でやっておくことリスト

①音響チェック

・室内にハウリングするものはないか

（会場とオンライン上の二重で会議開催の場合は、ミュート切り替えを忘れずに。参加者の携帯とハウリングしたケースあり）

・エアコン、除湿器、携帯の呼び出し音などノイズになるものはないか

・声量は十分か。マイクが必要な話者ならマイクの用意とテストを忘れないこと

②ライトチェック

・話者の顔色と会議の目的によってライトの光量と色味の調節を

（私の場合は蛍光色でなく赤系の昼間色を選択、顔色が健康的に見える）

・ライトが話者の目に長時間直接当たると目の痛みとドライアイの原因になる。

ライトカバーつきかライトの角度を調整
・カメラに映る際に逆光になっていないかを確認する

③休み時間の設定

・集中力の持続と話者の疲れ防止のため、90分を超える会議やレクチャーなら原則休み時間を入れる。無理やり3時間続けてZoomの枠から参加者が離席すると余計気が散る
（私は2時間なら参加者の年齢や関心度合いにより、休み時間なしでいける場合もあるが、ほとんどの場合休み時間を入れる。「ちょっと背伸びをしましょう」とやって見せたりもする）

④参加者との進行ルールを前もって共有する

・質問はチャットで行う
・または手を挙げて合図してもいい
・あらかじめ決めた質問アイコンを表示してもいい
・反対意見があるときは、手で胸の前にバツを作る

・賛成は両腕を高く上げて「O」の形を作る、または親指と人差し指でOKサインを作る
・ちょっと納得できないときは首の横ふりをする
・賛成には首の縦ふりを示す
・発言したいときは手を顔の横まで挙げる

⑤ワークショップでの設定
・2人から6人の小グループに分けるときは、名簿であらかじめ、力のグループ差ができないようにアレンジしておく

⑥参加人数が多いときや参加者が不慣れなときはファシリテーターや共有ホストを置くと話し手が楽である

⑦F2Fの会議よりパワポの見せ方に「飽きさせないこと」「見やすいこと」等の工夫が必要

「開始前のチェックポイント」

- ①音響チェック ☐
- ②ライトチェック ☐
- ③休み時間の設定 ☐
- ④進行ルールの共有 ☐
- ⑤ワークショップでの設定 ☐
- ⑥ファシリテーターや共有ホスト ☐
- ⑦パワポの見やすさ、見せ方の工夫 ☐

2 動作と見せ方の訓練

①まずフレーム理論で、どこまでフレームに入るかをやってみる

・Ｚｏｏｍならバストアップでもとくに上部のみが勝負、そのため顔の近くか頭の上での手のひらの動きをこまめに使う
・洋服の襟元の色に注意
・ＹｏｕＴｕｂｅなどでソファーやイスの場合はウエスト近くまでフレームに入るので、たるんだお腹は見せない工夫が必要
・ＹｏｕＴｕｂｅ対談で相手がいるときは、斜めに体を開いて見せ方を工夫する
・机の上をきれいに片付ける
・ＺｏｏｍでもＹｏｕＴｕｂｅでも、フレーム限界まで相手に向かって身を乗り出す姿勢を適宜入れて、相手への関心を示す

②姿勢に気をつける

・背筋を丸めて首だけ上に伸ばしてレンズを見ると、下からの「すくい目」になって卑屈な印象になる

3 表情訓練

①眼輪筋群を鍛えておく

・目を見開くときは眉の動きを連動させて上に引き上げる

・「困りましたね」と言うときは両眉のあいだの皺眉筋《しゅうびきん》を中心に寄せて力を少し入れる。寄せすぎると「顰蹙」や「軽蔑」の表情になるので注意

・驚きは眉を上げて目を見開き口をかすかに開けて連動させる。または逆に目を見開き、上下の唇を食いしばる

・観察者としては、驚きの表情は、1秒以内で喜びや怒りなど他の感情に移行するので見落とさないこと

②口輪筋群を鍛えておく

・リップラインを水平に保ち、スマイルラインを作る

・口角挙筋を3ミリ上に引き上げて微笑
・5〜7ミリ斜め45度両耳に向かって引き上げてフルスマイル
③表情の動きを目立たせるためにメイクは強めにする
・歌舞伎メイクまでいくと大げさですが、ヒントに
④髪型を撮影前に必ずチェックすること。前髪が長すぎると影になって相手に目の表情が見えない
⑤顔色が健康的に見えるようにライトを暖色光にするか、ライトが蛍光色しかなければファンデーションで調節
⑥多人数のオンライン会議で目立ちたいときは服装は暗色より明色がよい

「表情トレーニング」

顔全体

①顔全体を思いきり大きく広げる、
目も口も大きく開く

②顔の中心へ向けて
思いきり小さくすぼめる

③ ①, ②を5回繰り返す

眼輪筋

①上まぶたを引き上げ天井を見る

②下まぶたを引き下げ地面を見る

③眼球を右へ

④左へ

⑤右回りに

⑥左回りに動かす

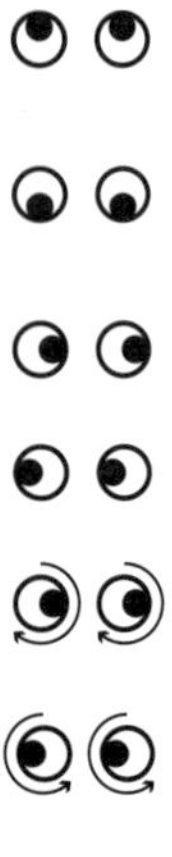

口輪筋

①唇を右へ引っぱる

②左へ引っぱる

③斜め右上へ引き上げる

④斜め左上へ引き上げる

⑤口角を下げてへの字口にする

⑥両サイドの口角を上げてスマイルラインにする

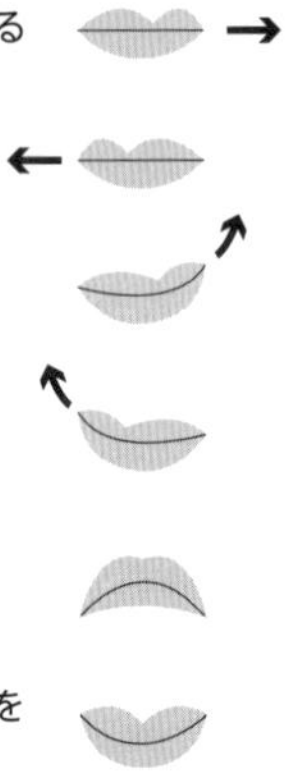

出典：『「見た目」と「話し方」のコツ34』佐藤綾子、ディスカヴァー・トゥエンティワン、2016

4

音声トレーニング

①喉を守って長くクリアな声を出すために腹式呼吸の練習をしておく

・短く鼻から吸って長く鼻または口から吐く。常に唇を少し開けてポカンとした表情をしている人は鼻呼吸ができていない

・実際に声を出すのは呼気で、声帯を振動させる

②周辺言語（パラランゲージ）

※以下7項目は対面でも重要なので、完璧に鍛えましょう。

・声のボリューム　↓　呼吸練習

大きな声の出る人が小さな声を出すのは簡単。その逆は難しいため

・声の明瞭さ
口の開け方を明確に（P186「あいうべ体操」参照）
・速度
対面では、標準的漢字とかな使いにて（佐藤綾子1000人実験データによる）1分間あたり266文字を話せる
オンラインでは10％から20％遅く
つまり文字数を減らしてゆっくり話そう
・声の高低
低すぎる声の人はオンラインではやや高めにしたほうが聞きやすい
・息もれ
口呼吸の人は健康のためにも今治そう
・イントネーション
間違ったイントネーションは、対面なら何とか現物を見せたりして修正できても、オンラインでは無駄なノイズになる

（例　飴と雨）

・間（ま、ポーズ）

前述の速度と関係する。早口でまったく間を取らないで話すと、オンラインでは相手が集中できない。聞いていて疲れる。

間が空きすぎても飽きるため、何度か参加者を置いてリハーサルするのがお勧め

「あいうべ体操」

①「あー」と口を大きく開く

③「うー」と口を強く前に突き出す

②「いー」と口を大きく横に開く

④「べー」と舌を突き出して下に伸ばす

①〜④を1セットとし、1日30セットを目安に続ける。
声は出しても出さなくてもよい。

あいうべの基本的なやり方

「あー」口が縦の楕円形に開くようにイメージ

「いー」前歯が見えてほおの筋肉が両耳のわきに寄るくらい、きちんと開くと、首に筋肉のすじが浮き出る

「うー」口をしっかり閉じるための体操。くちびるをとがらせて前方に突き出すことで、口のまわりの筋肉が収縮する

「べー」舌根（舌の付け根）が少し痛むぐらい。少し刺激を感じるところまで

出典：『免疫を高めて病気を治す口の体操「あいうべ」』 今井一彰、マキノ出版、2008

「ASオンライン自己表現力テスト」

下記の質問に最も該当する評価欄１ヶ所に○をつけてください

４点…非常によくできている　３点…ほぼできている

２点…あまりできていない　１点…まったくできていない

プレゼンター（　　　　　　）　記入者（　　　　　　）

チェック項目				4	3	2	1
準備編	設定	1	音響チェックは問題ないか（ハウリング防止等）				
		2	ライトの向き、光量は適切か（逆光、ハレーション防止等）				
		3	時間配分は明確か				
		4	開始前に参加者とルールを共有したか				
		5	双方向性オンラインでは名簿を用意したか				
		6	パワポは見やすいか				
		7	必要な場合のファシリテーターや共同ホストは置いたか				
		8	フレーム内に何を映すかを明確にしたか				
	言語	9	言葉の選択は適切か				
		10	文章の組み立てはわかりやすいか（一文一義）				
実践編	表情動作	11	姿勢は良かったか				
		12	眼輪筋群、口輪筋群などの表情筋をきちんと動かしたか				
		13	メイクは適切か				
		14	髪型は適切か				
		15	服装は適切か				
		16	あいづち、うなずきなどの言語調整動作はできたか				
	声	17	発声は明瞭か				
		18	声量は十分か				
		19	話す速度と間の取り方は適切か				
		20	イントネーションは適切か				
合計点（　　　　　）**点**							

[ASオンライン自己表現力テスト]

評価とアドバイス

A 80〜61点のあなた → オンライン自己表現が上手にできています。おそらくF2Fでも上手な方でしょう。さらに追加できる内容があるか本書でチェックしてみましょう。

B 60〜41点のあなた → あなたの意図はオンラインでほぼ相手に伝わっています。
さらに強いインパクトや感動をねらう場合は、本書の内容をもう一度練習してください。

C 40〜21点のあなた → オンラインが苦手あるいは慣れていないために具体的な工夫が不足しています。本書を読み直して何度か練習してください。

D 20〜0点のあなた → あなたの意図はまったく伝わっていません。聞き手が不満や苛立ちを感じている可能性大です。何をどう伝えたいかを根本的に考え直して、技術を徹底練習する必要があります。

あとがき

「招かれざる客」の素敵なプレゼント

よく使われる「招かれざる客」という言葉があります。昔、大ヒットしたアメリカ映画の邦題でもあります。このたび突然日本に上陸した「招かれざる客」、それが新型コロナウイルスでした。

1月に武漢のニュースで私たちがその名前を初めて知ってからすでに7か月。日本中がコロナへの対処に苦しんでいます。今後も苦労は続くでしょう。

その中でたった一つだけ日本人の役に立ったことがあると思っています。それが、全国に加速度的に広がったDX（デジタルトランスフォーメーション）、ITによる生活変化、オンライン化の波です。長年日本は米独などの欧米諸国やいくつかのアジア諸国に比べて、とくにDXが進まない国として有名でした。

例えばユネスコの2020年7月調査で、小中学校のオンライン授業は、世界の高所得国では普及率91％に対して日本は小学校で8％、中学校で10％です。大学生からの「オンライン授業では人脈ができない」（7月12日読売新聞）という不満はあるにしても、オンライン化に突入せざるを得なかったのが日本の実態です。

「人間は対面で会うのが一番だ」

そんなことは1980年、まだ「パフォーマンス学って何？　日本人はわざわざ自己表現のし方を学ばなくても阿吽《あうん》の呼吸で通じますよ」という当時の大半の日本人の反応の中で、科学的な対面自己表現のし方を自分の専門として研究・教育してきた私が一番知っています。

でも、現実に、オンライン自己表現を鍛えるニーズとチャンスは今、来たのです。

多くの日本の政治家のオンライン会議や記者会見を見て、あまりのわかりにくさに腹が立つ人は多いでしょう。本文で詳述しましたが、テレビやZｏｏｍの画面の中では、対面で伝える力が危うい人はさらに下手になります。主張をコンパクトにまとめて、非言語を上手に使いこなした人だけが勝ち残る。対面で絆を作ってきた私たちが、視覚と聴覚だけが勝負の世界であるオンラインで自分をどこまで伝えられるか。

40年間のパフォーマンス学の教育や研修で積み上げてきたよき自己表現へのヒントや非言語表現の詳細な実験データを、今回はオンラインという視点に絞って公開しました。

もしも、読者の皆様がさまざまなやり方で本書を活用してくだされば本当にありがたいことです。オンラインでの経験や努力は、必ず今後の対面でのコミュニケーションにつながります。最後までお読みくださり、ありがとうございました。

パフォーマンス学教育の仲間たち、出版のきっかけを作ってくださった幻冬舎の福島広司常務と編集の寺西鷹司さんにも感謝を申し上げます。

2020年7月31日

佐藤綾子

〈著者プロフィール〉

佐藤綾子（さとう・あやこ）

長野県生まれ。信州大学教育学部卒。

ニューヨーク大学大学院、上智大学大学院、立正大学大学院修了。

日本大学藝術学部教授を経て、ハリウッド大学院大学教授、㈳パフォーマンス教育協会 理事長、㈱国際パフォーマンス研究所 代表。自己表現力養成セミナー「佐藤綾子のパフォーマンス学講座」主宰。

パフォーマンス心理学の第一人者として、累計4万人のビジネスリーダーとエグゼクティブ、首相経験者を含む54名の国会議員等のスピーチ指導を行っている。

著書に『人間関係が得意になる本　マンガ パフォーマンス学入門』『小泉進次郎の話す力』（ともに小社）など。本書を含め著作195冊、累計323万部（2020年9月現在）。

オンラインでズバリ伝える力

2020年9月10日　第1刷発行

著　者　佐藤綾子
発行人　見城 徹
編集人　福島広司
編集者　寺西鷹司

発行所　株式会社 幻冬舎
〒151-0051　東京都渋谷区千駄ヶ谷4-9-7
電話　03（5411）6211（編集）
03（5411）6222（営業）
振替　00120-8-767643
印刷・製本所　錦明印刷株式会社

検印廃止

ISBN978-4-344-03673-4　C0095
幻冬舎ホームページアドレス　https://www.gentosha.co.jp/

この本に関するご意見・ご感想をメールでお寄せいただく場合は、
comment@gentosha.co.jpまで。